全国工会工作指导用书

中国工会基础知识
应知应会200条
（全新修订版）

张全民◎编著

人民日报出版社

图书在版编目（CIP）数据

中国工会基础知识应知应会200条 / 张全民编著. --
北京：人民日报出版社，2023.10

ISBN 978-7-5115-7988-1

Ⅰ.①中… Ⅱ.①张… Ⅲ.①工会工作–基本知识–
中国 Ⅳ.①D412.6

中国国家版本馆 CIP 数据核字（2023）第 178649 号

书　　名：中国工会基础知识应知应会200条
　　　　　ZHONGGUO GONGHUI JICHU ZHISHI YINGZHIYINGHUI 200 TIAO
作　　者：张全民

出 版 人：刘华新
责任编辑：刘天一
封面设计：陈国风

出版发行：人民日报出版社
地　　址：北京金台西路2号
邮政编码：100733
发行热线：（010）65369527　65369846　65369509　65369510
邮购热线：（010）65369530　65363527
编辑热线：（010）65369844
网　　址：www.peopledailypress.com
经　　销：新华书店
印　　刷：北京柯蓝博泰印务有限公司

开　　本：170mm×240mm　1/16
字　　数：200千字
印　　张：12.5
版次印次：2024年1月第1版　2024年1月第1次印刷

书　　号：ISBN 978-7-5115-7988-1
定　　价：68.00元

前　言
PREFACE

习近平总书记明确指出："工会是党联系职工群众的桥梁和纽带，工会工作是党的群团工作、群众工作的重要组成部分，是党治国理政的一项经常性、基础性工作。"做好新时代工会工作，事关党和国家工作大局，事关广大职工的切身利益，事关中国特色社会主义工会事业的发展，事关全面建成社会主义现代化强国宏伟目标的实现。做好新时代工会工作，不仅需要建设高素质专业化的工会干部队伍，也需要依靠会员办会，充分发挥会员群众的主体作用。为了在广大工会会员中普及工会知识，增强工会会员的工会意识，使工会会员了解工会、熟悉工会、信赖工会、关心工会、支持工会，积极参与工会活动，增强工会组织的吸引力、凝聚力、影响力，更好发挥工会会员的主体作用，我们组织编写了本书。

本书由工会理论权威专家编写，涵盖范围广泛、内容丰富，重点突出、详略得当、依据可靠。为了便于广大工会会员学习和理解，本书采用问答形式，简明扼要、通俗易懂，可作为工会会员培训和自学用书。

本书在编写过程中参考了相关书籍和资料，在此对这些书籍或资料的作者表示衷心感谢。

目 录

CONTENTS

1.什么是工会?

工会,也称劳工总会、工人联合会。工会原意是指基于共同利益而自发组织的团体。工会是工人阶级的群众组织,是在工人阶级和资产阶级的斗争过程中产生和发展起来的。工人阶级同资产阶级的利益是对立的,工人阶级在反抗资本家压迫和剥削的斗争中,认识到必须团结起来,联合起来,才能适应同资产阶级斗争的需要,才能维护自身的利益,取得斗争的胜利。因而,根据工人阶级斗争的需要,便产生了工会。

工会最早产生于 18 世纪中叶的英国,之后在其他国家相继建立,并大多争得了合法地位,成为世界性的普遍社会现象。按其成立的组织原则,可分为产业工会和职业工会。在资本主义国家早期,工会大多为职业工会,凡从事同一职业的熟练工人,都组织在同一职业工会内;一个企业内的工人,由于职业的不同而分属于不同的职业工会。这种组织分散了同一企业内工人的团结和统一,不利于工人阶级的斗争。随着工人运动的发展,按产业原则组织工会逐渐为工人接受,越来越多的工人群众按产业系统组织起来,凡在同一企业内的工人都参加同一产业工会,有利于工人阶级的团结和统一,增强了工会的战斗力。在资本主义国家中,工会有的由马克思主义者领导,有的由进步人士领导,也有的由改良主义者领导或控制,除少数由资本家操纵的黄色工会外,绝大多数工会都能以各种方式,不同程度地代表和维护工人群众的利益。通过内部协调、互相帮助,解决工人内部的竞争,以集体谈判、罢工等形式同资本家对抗,争取和维护工人的利益,改善工人的工作、生活条件,并在国家政治生活中发挥作用,争得工人群众的社会政治利益。而马克思主义的革命工会运动则是无产阶级解放的重要力量和必要条件。

中国工会在中国工人运动发展的基础上诞生。中国工人阶级诞生于

1840 年以后，是在近代工业企业中开始诞生并逐渐发展壮大的。在 1919 年五四运动中，以上海为中心的全国工人总同盟罢工，推动了爱国运动取得决定性胜利，标志着中国工人阶级以独立的姿态登上历史舞台。1920 年 11 月 21 日，在上海共产主义小组的指导帮助下，上海机器工会正式成立。1921 年 8 月，中国共产党成立后不久，就成立了中国劳动组合书记部，作为全国工会的通信联络机关。1922 年 5 月，中国劳动组合书记部在广州召开了第一次全国劳动大会，确定筹备全国性工会组织。1925 年 5 月 1 日，在广州召开了第二次全国劳动大会，正式成立了中华全国总工会。抗日战争时期暂停使用中华全国总工会的名称，成立陕甘宁边区总工会和各抗日根据地总工会。解放战争时期边区总工会和各根据地总工会联合为解放区总工会。1948 年 8 月，由解放区总工会和国民党统治区工会在哈尔滨联合召开了第六次全国劳动大会，决定恢复中华全国总工会。中华人民共和国建立后，在社会主义革命和建设时期，我国工会主要进行的是组织和引导工人群众当家作主，学习管理经济、管理国家，改善工人生活福利，加速发展社会生产力，推进社会主义的物质文明和精神文明建设。在改革开放时期，我国工会在中国共产党领导下，坚定不移地走中国特色社会主义工会发展道路，在党和国家工作大局中充分发挥自身作用，不断加强自身建设与改革，推动工会工作焕发出新的生机和活力，开创了党的工运事业繁荣发展的新局面。

2.如何理解我国工会的性质？

工会的性质，是指工会的本质属性或本质特征，是工会组织区别于其他社会组织的根本标志。关于我国工会的性质，《中华人民共和国工会法》（以下简称《工会法》）第 2 条第 1 款规定："工会是中国共产党领导的职工自愿结合的工人阶级群众组织，是中国共产党联系职工群众的桥梁和纽带。"这一规定表明了中国工会的本质属性是阶级性、群众性和政治性的相互统一。

（1）工会的阶级性。工会的阶级性，是指工会是真正的工人阶级组织，并以工人阶级作为自己的阶级基础。工会的阶级性主要表现为：参加工会组织的是工人阶级的成员，工会是工人阶级利益的代表，工会的成立和发展体现了工人阶级的利益要求，工会是为工人阶级的利益而奋斗的，工会是按照工人阶级的特性组织起来、开展活动的。

（2）工会的群众性。工会的群众性，是指工会是工人阶级在本阶级范围内最广泛的组织。首先，工会的群众性体现在工会的会员构成具有工人阶级范围内的广泛性；其次，工会的群众性体现在工会代表广大会员和职工群众的正当利益，维护他们的合法权益方面；再次，工会的群众性还体现在工会组织内部的民主性方面；最后，工会的群众性还体现在工会组织的自愿性方面。

（3）工会的政治性。工会自觉接受中国共产党的领导，鲜明地体现了我国工会具有高度的政治性。习近平总书记强调："工会工作做得好不好、有没有取得明显成效，关键看有没有坚持正确政治方向"。正确政治方向，核心就是要坚持中国共产党领导和社会主义制度。坚持正确政治方向，是工会做好工作、发挥作用的根本，也是工会作为党领导下的工人阶级群众组织的历史使命。

（4）工会是阶级性、群众性和政治性的有机统一。工会的阶级性、群众性和政治性不是分割的，而是辩证地统一在一起的。阶级性离不开群众性，以群众性为基础；群众性也离不开阶级性，受阶级性的制约；工会的阶级性和群众性以政治性为方向和保障。始终坚持党的领导，坚持走中国特色社会主义工会发展道路，这是中国工会的显著特点。

3.我国工会的地位如何？

工会地位是指工会在国家政治、经济、社会生活中所处的位置，它是由工人阶级的地位决定的，是由国家法律所确认和保障的。《工会法》开宗明义规定："为保障工会在国家政治、经济和社会生活中的地位，确定工会的权利与义务，发挥工会在社会主义现代化建设事业中的作用，根据宪法，制定本法。"由此可见，工会的地位在法律上得到了明确。工会的地位主要表现在政治地位、经济地位、法律地位。

工会的政治地位主要表现在工会与党和政府的相互关系中。工会是实现党的领导地位、巩固党的阶级基础的重要群众组织；工会是党联系职工群众的桥梁和纽带，党通过工会把党的路线、方针、政策传达到工人群众中去；同时，群众的意见、建议和要求通过工会反馈上来，作为党的决策依据；工会作为工人阶级最为广泛的组织形式，是国家政权的重要社会支柱，依法发挥工会民主参与和社会监督作用；工会协助人民政府开展工作，维护工人阶级领导的、以工农联盟为基础的人民民主专政的社会主义国家政权。

工会的经济地位主要体现在劳动关系领域，工会是会员和职工利益的代表者、维护者，它通过帮助、指导职工与用人单位签订劳动合同、代表职工与企事业单位进行平等协商和签订集体合同，主持职工代表大会的日常工作，达到协调劳动关系、维护职工劳动经济权益和民主权利的目的，从而将企事业发展的整体利益与职工的具体利益有机结合起来，实现互利共赢。随着我国劳动关系市场化程度的不断提高，工会在协调劳动关系、维护职工合法权益方面的作用将越来越明显，社会地位也越来越突出，成为构建和谐劳动关系的重要力量。

工会的法律地位是指工会在法律关系中所处的位置。工会的法律地

位集中体现在工会的法定权利与义务以及工会的法人资格等方面。工会的法定权利包括：代表权、维护权、参与权、协商谈判权、监督权等。工会的法人资格也是工会法律地位的表现，工会取得法人资格，可以使工会以独立民事主体的资格参与民事活动。

4.我国工会能够发挥哪些作用？

我国工会的主要作用是由我国工会的性质和地位具体体现的。工会作为职工一方利益的代表，在社会活动中必须发挥桥梁纽带作用，沟通政党、政府与职工群众之间的联系；在劳动关系中必须发挥协调作用，以职工代表者的身份协调劳动关系，促进劳动关系的和谐稳定。根据《中国工会章程》规定，我国工会主要有以下4个方面的作用。

（1）工会是党联系职工群众的桥梁和纽带。党联系职工群众的渠道是多方面的，但党和本阶级群众联系的最重要渠道是靠工会来实现的。工会是工人阶级先锋队和本阶级群众之间的中间环节。工会发挥桥梁纽带作用就是通过沟通的方式，不断加强政党、政府与职工群众之间的联系。一方面，工会自上而下地把党的主张和方针、政策贯彻到职工群众中去，并使之变为职工群众的自觉行动；另一方面，工会自下而上地把职工群众的意见和要求及时真实地反映给党，以完善修正党的决策及政策。采取双向信息传递的方式，把党的主张与反映职工的愿望要求有机结合起来，把执行党的政策的坚定性与为职工群众服务的实效性有机结合起来，使工会真正成为职工群众信赖的"职工之家"。

（2）工会是国家政权的重要社会支柱。在我国，工会是国家政权的重要社会支柱和推动社会主义市场经济发展的重要力量。充分发挥国家政权重要社会支柱作用，维护工人阶级领导的、以工农联盟为基础的人民民主专政的社会主义国家政权，是历史和时代赋予工会的职责，也是工会推动社会主义和谐社会建设的着力点。工会作为国家政权的支柱，主要包括两个方面的含义，一是社会主义国家政权需要通过工会联系广大职工群众。工会把广大职工组织起来，开展各种活动，其目的是维护和巩固国家政权，从而使人民民主专政建立在坚实的群众基础上。二是工会要通过自己的工作把广大职工群众团结在党的周围，引导职工群众听党话、跟党走，巩固党执政的阶级基础和群众基础；工会要坚决支持国家政权的活动，社会主义国家的各项工作，都要代表广大人民群众的意愿，要由全体人民共同来完成，这就要求工会必须通过行使国家赋予的参与权利，协助人民政府开展工作，在政府行使国家行政权力过程中，代表和组织职工参与管理国家事务、管理经济和文化事业、管理社会事务，充分发挥参政议政的民主渠道作用，使人民民主专政建立在更加坚实的群众基础之上。促进社会主义经济社会的高质量发展，成为国家政权的重要社会支柱和维护社会和谐稳定的重要力量。

（3）工会是教育和提高职工素质的"大学校"。发挥工会"大学校"作用，提高职工队伍整体素质，充分发挥工人阶级主力军作用，是贯彻实施科教兴国战略、人才强国战略、可持续发展战略，提高自主创新能力，建设创新型国家的迫切需要；是巩固党的阶级基础，扩大党的群众基础，保持和发展工人阶级先进性的关键所在；是立足新发展阶段、贯彻新发展理念、构建新发展格局，推动高质量发展的基本保障；是全面建设社会主义现代化国家的重要举措。工会要始终把社会主义核心价值体系建设作为主线，贯穿于职工思想政治工作和精神文明建设的全过程，用中国梦凝聚职工，用以爱国主义为核心的民族精神和以改革创新为核心的时代精神鼓舞职工，不断巩固广大职工团结奋斗的共同思想基础。大力开展职工教育培训工作，推进职工文化、企业文化建设，推进"职工书屋"建设和职工读书活动。面对"大众创业、万众创新"的新形势，不断激发职工创造活力，广泛开展职工经济技术创新、技术革新和发明创造活动，积极推进职工技术交流和技术协作，在创新实践中，培养更多的掌握新知识、新技能、新本领的知识型职工和一线创新人才，为建设创新型国家和创新型企业充分施展才华，在经济社会发展中进一步发挥好学校的作用。

（4）工会是劳动关系的协调者。工会作为劳动关系的协调者，就是要及时解决劳动过程中出现的矛盾和问题，协调处理劳动争议，通过依法维护劳动者权益进而调动和激发劳动者的积极性、主动性、创造性，建立和谐稳定的劳动关系，促进企事业发展和社会长期和谐稳定。因此，工会在参与协调劳动关系和处理劳动争议过程中具有非常重要的、其他任何组织无法替代的作用。工会通过集体协商集体合同制度和职工代表大会制度，切实代表和维护劳动者的合法权益，从而保护和激发劳动者的积极性，使企事业单位劳动关系和谐有序，存在的矛盾得以及时通过法治化的渠道化解和处理。同时，在宏观层面上，借助劳动关系三方协商机制及政府与工会联席会议制度，从源头上表达劳动者的愿望和要求、维护劳动者的权益，促进整个劳动关系的协调发展。可以说，在这个意义上工会是劳动关系的稳衡器。

5.我国工会的社会职能有哪些?

明确中国工会的社会职能，是准确把握工会在党和国家工作大局中的位置、更好地发挥工会作用的前提条件。根据《工会法》《中国工会

章程》规定，归纳起来，工会的社会职能有以下 4 项。

（1）维护服务职能。即工会维护职工群众合法权益的职能。《工会法》规定："中华全国总工会及其各工会组织代表职工的利益，依法维护职工的合法权益。""维护职工合法权益、竭诚服务职工群众是工会的基本职责。工会在维护全国人民总体利益的同时，代表和维护职工的合法权益。"维护职工合法权益是工会的性质决定的，是工会服务于党的中心任务的主要手段。从本质上讲，工会维护了职工的合法权益，就是维护了党与职工群众的血肉联系，就是维护了稳定的大局，就是维护了执政党的执政地位和执政基础。工会必须密切联系职工群众，听取和反映职工的意见和要求，全心全意为职工服务，切实把职工群众合法权益实现好、维护好、发展好。

（2）建设职能。即吸引和组织职工群众参加经济建设和改革，努力完成经济和社会发展任务、促进经济社会发展的职能。《工会法》规定："工会动员和组织职工积极参加经济建设，努力完成生产任务和工作任务。"工会的建设职能不仅是在生产领域，而且要不断地深入到交换、分配、消费的各个领域；工会履行建设职能的目的，不仅要促进生产力的发展和技术进步，而且要促进生产关系的变革。工会要围绕立足新发展阶段、贯彻新发展理念、构建新发展格局，推动高质量发展，组织开展"建功'十四五'、奋进新征程"主题劳动和技能竞赛，大力开展合理化建议、职工技术协作、技术革新活动，拓展"五小"竞赛活动，大力弘扬工人阶级伟大品格和劳模精神、劳动精神、工匠精神，充分调动广大职工的积极性、主动性、创造性，为全面建设社会主义现代化国家贡献力量。

（3）参与职能。即工会代表和组织职工参与管理国家事务、管理经济和文化事业、管理社会事务，发挥职工参政议政民主渠道的职能。《工会法》规定："工会组织和教育职工依照宪法和法律的规定行使民主权利，发挥国家主人翁的作用，通过各种途径和形式，参与管理国家事务、管理经济和文化事业、管理社会事务。"工会履行参与职能具有两个层次的含义：一是各级工会机构成为职工群众有组织地参政议政的民主渠道；二是基层工会要做好以职工代表大会或职工大会为基本形式的职工民主管理工作机构的工作。工会履行参与职能的主要形式和途径有：参与立法和政策的制定；工会与政府及其有关部门召开联席会议；发挥工会界代表和委员在各级人大、政协中的作用；加强基层职工民主管理，完善基层协调劳动关系的机制；参加协调劳动关系三方会议；畅通信息渠道；民主监督等。

（4）教育职能。即帮助职工不断提高思想政治觉悟和科学文化技术素质、建设高素质劳动者大军的职能。《工会法》规定："教育职工不断提高思想道德、技术业务和科学文化素质，建设有理想、有道德、有文化、有纪律的职工队伍。"工会履行教育职能的主要内容有：思想政治引领；牢固树立社会主义核心价值观；提高职工思想道德素质；提高职工技术业务素质；提高职工科学文化素质。履行教育职能的主要途径有：大力开展职工素质工程活动；深入开展社会主义核心价值观教育；协助政府和行政部门不断加强对职工职业培训，促进和完善继续教育制度，为职工素质的提高创造良好的条件；继续在职工中深入开展读书自学活动、群众性经济技术创新活动和建设"职工之家"活动。工会教育职能的目标是建设有理想、有道德、有文化、有纪律的"四有"职工队伍，建设知识型、技能型、创新型劳动者大军。

6.我国工人运动的时代主题是什么？

我国工人运动的时代主题，是为实现中华民族伟大复兴的中国梦而奋斗。

新时代赋予中国工人阶级新使命，就是实现国家富强、民族振兴、人民幸福，即中华民族伟大复兴的中国梦。中国工人阶级是时代先锋，当代工人阶级先进性决定了其理应在夺取新时代中国特色社会主义新胜利、全面建成社会主义现代化强国、实现中华民族伟大复兴中国梦的伟业中再立新功。由于我国社会主要矛盾已经由人民日益增长的物质文化需要同落后的社会生产之间的矛盾转变为人民日益增长的美好生活需要和不平衡不充分的发展之间的矛盾，中国工人阶级必须随着主要矛盾的变化，积极跟进，把党所要解决的根本问题和中心任务——着力解决发展不平衡不充分的矛盾，进而满足人民日益增长的美好生活需要，作为新时代工人阶级所要解决的根本问题和中心任务，按照全面建成社会主义现代化强国、全面推进中华民族伟大复兴的新目标，不忘初心、牢记使命，勠力同心，汇聚起磅礴力量，在努力实现新目标的过程中，充分展示新时代主人翁风采和巨大力量，谱写新时代工运事业的新篇章。

7.如何理解坚持党对工会工作的领导？

党的领导地位是历史的选择，也是人民的重托。中国共产党是中国特色社会主义事业的领导核心，中国特色社会主义最本质的特征是中国共产党领导，中国特色社会主义制度的最

大优势是中国共产党领导，中国共产党是最高政治领导力量。坚持党的领导，是党和国家的根本所在、命脉所在，是全国各族人民的利益所系、幸福所系。工会工作是党的群众工作、群团工作的重要组成部分，是党治国理政的一项经常性、基础性工作，坚持党的领导是工会工作的必然要求和根本原则。在坚持党的领导这个根本问题上，工会必须旗帜鲜明，立场坚定。

坚持党的领导，是做好工会工作的根本保证。习近平总书记强调，工会工作做得好不好、有没有取得明显成效，关键看有没有坚持正确政治方向。坚持正确政治方向，就是要坚持中国共产党领导和我国社会主义制度。只有坚持党的领导，工会才能更好履行自己的职能、充分发挥好自己的作用、完成好自己的历史使命；只有坚持党的领导，工会才能始终坚持正确的政治方向，开创工会工作的新局面；只有坚持党的领导，工会才能切实加强自身建设，赢得职工群众的信赖和支持，把工会真正建设成为"职工之家"。

坚持党的领导，是我国工会的优良传统。中国现代工会运动是在中国共产党直接领导下发展起来的，中国工会自诞生之日起就是在共产党领导下开展工作的，工会始终将自己同党的事业紧密相连，团结动员广大职工群众围绕实现党的纲领和不同历史时期确立的中心任务，前仆后继、奋勇拼搏。从中国工会诞生以来，工会工作取得的每一项伟大成就，都离不开党的坚强、正确领导。一部中国工会运动史，就是一部中国共产党领导中国工会运动的历史，党的领导是贯穿于中国工会运动始终的一条主线，并赋予了中国工会运动以鲜明的特色。

坚持党的领导，是国家法律对工会的明确要求。我国宪法、工会法和中国工会章程都明确规定，中国工会坚持自觉接受党的领导。《宪法》第1条第2款规定："社会主义制度是中华人民共和国的根本制度。中国共产党领导是中国特色社会主义最本质的特征。"《工会法》第4

条第 1 款规定："工会必须遵守和维护宪法，以宪法为根本的活动准则，以经济建设为中心，坚持社会主义道路、坚持人民民主专政、坚持中国共产党的领导、坚持马克思列宁主义、毛泽东思想、邓小平理论，'三个代表'重要思想、科学发展观、习近平新时代中国特色社会主义思想，坚持改革开放，保持和增强政治性、先进性、群众性，依照工会章程独立自主地开展工作。"《中国工会章程》总则中规定："中国工会坚持自觉接受中国共产党的领导，承担团结引导职工群众听党话、跟党走的政治责任，巩固和扩大党执政的阶级基础和群众基础。"对《宪法》《工会法》《中国工会章程》的规定，各级工会组织和广大工会干部必须始终不渝地自觉遵循，任何情况下都不能动摇。

坚持党的领导，工会必须旗帜鲜明地讲政治。工会工作做的是群众工作，实质上就是政治工作，讲政治是第一位的要求。工会要忠诚党的事业，通过扎实有效的工作把坚持党的领导和我国社会主义制度落实到广大职工群众中去。各级工会组织必须深入学习贯彻习近平总书记关于党的建设的重要思想，落实新时代党的建设总要求，增强"四个意识"、坚定"四个自信"、做到"两个维护"，在思想上政治上行动上同以习近平同志为核心的党中央保持高度一致。坚持不懈加强理论武装，进一步完善学习制度，深入开展习近平新时代中国特色社会主义思想的学习培训，特别是要对习近平总书记关于工人阶级和工会工作的重要论述反复研读，入脑入心，增强对党的基本理论、基本路线、基本方略的政治认同、思想认同、情感认同，不断提高运用马克思主义立场、观点、方法分析解决问题的能力和水平，努力探索和把握新时代工运事业和工会工作特点与规律，不断推进工会理论创新、实践创新、制度创新，不断增强工会组织的政治性、先进性、群众性。

坚持党的领导，必须自觉服从服务于党和国家工作大局。工会组织和工会干部要增强大局意识，牢牢抓住为实现中华民族伟大复兴的中国梦而奋斗这个我国工人运动的时代主题，围绕立足新发展阶段、贯彻新发展理念、构建新发展格局，围绕推动高质量发展，围绕推动保障和改善民生，理论武装提升新境界，建功立业汇聚新动能，维权服务谋求新实效，改革创新焕发新活力，党的建设呈现新气象，团结动员广大职工团结一心、努力奋斗，为全面建设社会主义现代化国家贡献力量。

坚持党的领导，必须加强新时代职工思想政治引领工作。习近平总书记强调，引导职工群众听党话、跟党走，巩固党执政的阶级基础和群众基础，是工会组织的政治责任。工会组织要充分发挥思想政治工作的传家宝和生命线作用，自觉承担起引导广大职工听党话跟党走的职责使命，深入细致做好职工思想政治工作，坚持正确政治方向、舆论导向、价值取向，坚持用党的创新理论武装职工，用先进的文化培育职工，用正确的舆论引导职工，用高尚的精神塑造职工，用优秀的作品鼓舞职工，用真诚的服务赢得职工，最大限度地把广大职工群众团结在党的周围，巩固党执政的阶级基础和群众基础。

坚持党的领导，必须坚持对党负责和对职工群众负责的统一。对党负责和对职工群众负责从根本上讲是一致的。工会要把贯彻党的主张与反映职工的愿望要求有机结合起来，把执行党的政策的坚定性与为职工服务的实效性有机结合起来，把党的路线方针政策和决策部署落实到工会各项工作中去，把党的意志和主张落实到广大职工中去。通过卓有成效的工作，使党的路线方针政策真正变为广大职工的自觉行动，把职工群众合理的愿望和要求体现在党和政府的政策之中，从而切实把职工群众凝聚在党的周围，团结带领职工为实现党和政府提出的各项任务而奋斗。

坚持党的领导，必须从群众组织的性质和特点出发，创造性地开展工会工作。工会只有从自身的性质和特点出发，依照法律和章程创造性地开展工作，把职工的合法权益实现好、维护好、发展好，把竭诚为职工群众服务作为工会一切工作的出发点和落脚点，把党对职工群众的关心落实好，把党的温暖送到职工群众中去，才能真正发挥桥梁纽带的作用。党对工会的领导，是政治上的领导，是政治路线、政治方向、政治原则、方针政策和重大问题的领导。在工会中体现和实现党的领导，就是要按照党的要求，充分发挥工会中的党组织和党员的作用，把党的路线方针政策落实好，把职工群众团结好。

坚持党的领导，必须积极争取各级党委加强和改进对工会的领导。工会要积极争取各级党组织把工会工作摆上重要位置，将工会组织建设纳入党建总体格局，健全党建带工建的领导机制和工作制度。要自觉向党委报告重大工作和重大情况，在党委统一领导下尽心尽力做好自身职责范围内的工作。各级党委和政府要贯彻党的全心全意依靠工人阶级的方针，保证工人阶级的主人翁地位。要加强和改进党对工会工作的领导，注重发挥工会组织的作用，加大对工会工作的支持保障力度，及时研究解决工会工作中的重大问题，推动建设一支高素质专业化的工会干部队伍，支持工会依法依章程创造性开展工作。

8.如何理解坚持增强政治性、先进性、群众性的工会改革方向？

习近平总书记在党的二十大报告提出："深化工会、共青团、妇联等群团组织改革和建设，有效发挥桥梁纽带作用。"

党的十八大以来，我国改革进入全面深化的新阶段。习近平总书记强调，时代在发展、事业在创新，工会工作也要发展、也要创新，要增强自我革新的勇气，下大气力解决突出问题，自觉运用改革精神谋划推进工会工作。推进工会改革创新，必须坚持保持和增强工会组织的政治性、先进性、群众性的工会改革方向，强化问题意识，着力解决"机关化、行政化、贵族化、娱乐化"突出问题，把工会组织建设得更加充满活力、更加坚强有力。

工会工作是群众工作，实质上就是政治工作。政治性是工会组织的灵魂，是第一位的。离开了政治性，工会组织就可能混同于一般社会组织。工会组织必须旗帜鲜明讲政治，把加强政治建设作为首要任务。工会要始终把自己置于党的领导之下，深刻领悟"两个确立"的决定性意义，增强"四个意识"、坚定"四个自信"、做到"两个维护"，坚决维护党中央权威和集中统一领导；要把系统掌握马克思主义理论作为看家本领，把深入学习贯彻习近平新时代中国特色社会主义思想作为首要政治任务，深刻领会习近平总书记关于工人阶级和工会工作重要论述的精神实质，进而转化为政治自觉、思想自觉和行动自觉，结合实际落实到工会工作全过程和各方面；要坚决承担起引导职工群众听党话、跟党走的政治任务，加强对职工的思想政治引领，最大限度地把职工群众团结和凝聚在党的周围，把党对工会组织的领导转化为广大职工的政治自觉、思想自觉和行动自觉，不断夯实党的阶级基础，巩固党的执政地位；要提高政治站位，自觉服从服务党和国家工作大局，把工会工作放到大局中去思考、去把握、去部署、去推进，找准工作的结合点和着力点，团结动员职工群众为完成党的中心任务贡献力量；要把执行党的意志的坚定性和为职工服务的实效性统一起来，把党的路线方针政策和决策部署落实到工会各项工作中去，把党的意志和主张落实到广大职工中去；要坚决贯彻党的意志和主张，严肃党内政治生活，严守党的政治纪律和政治规矩，维护职工队伍稳定和工会组织团结统一。

先进性是工会组织的力量之源。没有先进性，工会怎么能组织动员、带领职工群众？要把保持和增强先进性作为重要着力点，牢牢把握为实现中华民族伟大复兴的中国梦而奋斗的工人运动时代主题，并不断丰富其内涵，紧紧围绕党和国家工作大局，把亿万职工群众组织起来、动员起来、团结起来，始终作党执政的深厚阶级基础和群众基础、改革发展稳定的坚实依靠力量、实现中国梦的主力军；要紧紧围绕党和国家工作大局，组织动员广大职工群众走在时代前列，在改革发展稳定第一线建功立业；要以先进引领后进，以文明进步代替蒙昧落后，以真善美抑制假恶丑，教育引导职工群众不断提高思想觉悟和道德水平，坚定不移走中国特色社会主义道路，自觉践行社会主义核心价值观。工会要做到不忘初心、牢记使命，就要固守先进性这一力量源泉，最广泛地团结动员广大职工为全面建设社会主义现代化国家贡献智慧和力量。

群众性是工会组织的根本特点。离开群众性，工会组织就容易走向官僚化、空壳化。要把党的群众路线作为工会的生命线和根本工作路线，牢记宗旨、不忘职责，密切联系职工群众，全心全意服务职工群众，带着对职工群众的深厚感情履行工会组织的法定职责，采取有力的改革措施，更多地关注、关心、关爱普通职工群众，突出维护好职工劳动就业、收入分配、社会保障、安全卫生等基本权益，把职工权益实现好、维护好、发展好；要建立健全联系职工群众的长效机制，按照职工群众需求提供精准周到的服务，始终亮明中国工会服务职工群众、维护职工群众合法权益这面旗帜，不断增强贴近群众、联系群众、融入群众、动员群众的本领，切实打通服务职工的"最后一公里"；要深入开展和谐劳动关系创建活动，努力把劳动关系的建立、运行、监督、调处纳入法治化轨道，化解劳动关系矛盾。构建和谐稳定的劳动关系；要健全服务职工群众工作体系，做好生活保障工作，重点帮助职工群众解决最关心、最直接、最现实的利益问题；要切实做好新就业形态劳动者服务工作，不断增强职工群众的获得感、幸福感、安全感。

工会组织要从巩固党执政的阶级基础、群众基础的战略高度，从党和国家事业长远发展的全局高度，深化对工会组织政治性、先进性、群众性的认识，深化对坚持党的领导、坚持正确道路的认识，坚定不移走中国特色社会主义工会发展道路。要增强责任意识和主动精神，积极作为，主动担当，满腔热情做好维权服务工作。要突出重点任务，坚持问题导向，全面深化工会改革，切实保持和增强工会组织政治性、先进性、群众性。要坚持眼睛向下、面向基层，加强基层工会建设，增强基层工会活力。要加强思想建设、组织建设、作风建设和工会干部队伍建设，解放思想，与时俱进，努力开创工会工作新局面。

9.我国工会工作的指导思想是什么？

工会工作指导思想是工会工作的理论指南、精神旗帜和行动遵循。新修改的《工会法》完善了工会工作的指导思想，明确将习近平新时代中国特色社会主义思想确立为工会工作的指导思想，成为各级工会组织和广大工会干部的强大思想武器，为推进新时代党的工运事业和工会工作提供了根本遵循，反映了广大职工群众和工会干部的热切期盼和共同心声。

10.我国工会的工作方针是什么？

我国工会工作方针是：组织起来、切实维权。

"组织起来"，就是要把职工群众最广泛地组织到党领导的工会中来，把工会组织的活力最充分地激发出来，维护职工队伍的团结和工会组织的统一，把广大职工更加紧密地团结在党的周围，增强党的阶级基础，扩大党的群众基础，巩固党的执政地位。

"切实维权"，就是要协助党和政府解决劳动就业、收入分配、社会保障和劳动安全卫生等涉及职工利益的重大问题，不断完善工会维权机制，提高维权的科学化水平，切实把职工合法权益实现好、维护好、发展好。

"组织起来、切实维权"是相互联系、相互依存、互相补充、不可分割的统一整体。"组织起来"是"切实维权"的前提和基础，"切实维权"是"组织起来"的目标和宗旨；通过组织起来不断壮大力量，通过切实维权不断凝聚人心。只有实现两者的有机统一，才能全面、准确地把握"组织起来、切实维权"的科学内涵。

11.我国工会的根本活动准则是什么？

《工会法》规定："工会必须遵守和维护宪法，以宪法为根本的活动准则，以经济建设为中心，坚持社会主义道路，坚持人民民主专政，坚持中国共产党的领导，坚持马克思列宁主义、毛泽东思想、邓小平理论、'三个代表'重要思想、科学发展观、习近平新时代中国特色社会主义思想，坚持改革开放，保持和增强政治性、先进性、群众性，依照工会章程独立自主地开展工作。"《中国工会章程》规定：中国工会以宪法为根本活动准则，按照《中华人民共和国工会法》和本章程独立自主地开展工作，依法行使权利和履行义务。这些规定明确了工会活动的3个基本准则。

（1）工会必须遵守和维护宪法，以宪法为根本的活动准则。宪法是我国的根本大法，是治国安邦的总章程，具有最高的法律效力，我国境内的一切个人和组织都必须在宪法规定的范围内进行活动。工会必须以宪法为根本的活动准则，在宪法规定的范围内开展活动，以宪法和法律规范自身行为，遵循宪法规定的基本原则。

（2）工会必须坚持党的领导。这是我国工会运动的性质决定的。工会是工人阶级最广泛的群众组织，中国共产党是中国工人阶级的先锋队，同时是中国人民和中华民族的先锋队，是中国特色社会主义事业的领导核心。做好工会工作的根本政治原则和根本政治保证是自觉接受中国共产党的领导。工会只有坚持自觉接受党的领导，才能保持正确的政治方向。中国工会和工人运动，只有在党的领导下，才能始终沿着正确的方向前进。

（3）工会要依照中国工会章程独立自主地开展工作。中国工会章程是依据法律和党的路线、方针、政策，依据工人阶级群众组织的特点和广大职工的愿望、要求制定的。依照中国工会章程独立自主地开展工作，实质上就是按照工会的性质和特点，在宪法、法律和工会章程规定的范围内，高度发挥其创造性和主动精神，敢于和善于独立自主地开展各项工作，发挥其应有的社会职能和作用。这既是党对工会工作的要求，也是工会组织发挥作用的前提和条件。

12.我国工会的基本职责是什么？

《工会法》第6条规定："维护职工合法权益、竭诚服务职工群众是工会的基本职责。工会在维护全国人民总体利益的同时，代表和维护职工的合法权益。"

维护职工合法权益、竭诚服务职工群众是工会组织的基本职责，也是发挥广大职工积极性、主动性、创造性最重要最基础的工作。工会要赢得职工群众信任和支持，必须高举维护职工合法权益的旗帜，扎扎实实解决好职工群众最困难、最操心、最忧虑的实际问题，使改革发展成果更多更公平惠及职工群众；要坚持职工利益无小事的理念，顺应职工对美好生活的新期待，把工作重心放在广大职工身上，从大处着眼、小处着手，满腔热情做好服务职工工作，不断提升维权服务的质量和水平，切实提升职工群众的获得感、幸福感、安全感。

13.推进产业工人队伍建设改革的重要意义是什么？

《工会法》第 8 条规定："工会推动产业工人队伍建设改革，提高产业工人队伍整体素质，发挥产业工人骨干作用，维护产业工人合法权益，保障产业工人主人翁地位，造就一支有理想守信念、懂技术会创新、敢担当讲奉献的宏大产业工人队伍。"

我国产业工人主要是指在第一产业的农场、林场，第二产业的采矿业、制造业、建筑业和电力、热气、燃气及水生产和供应业，以及第三产业的交通运输、仓储及邮政业和信息传输、软件和信息技术服务业等行业中从事集体生产劳动，以工资收入为生活来源的工人。产业工人是工人阶级中发挥支撑作用的主体力量，是创造社会财富的中坚力量，是创新驱动发展的骨干力量，是实施制造强国战略的有生力量。

推进产业工人队伍建设改革，是全面深化改革的重要内容之一，其意义体现在以下 3 个方面。

（1）巩固党执政的群众基础的需要。我国是工人阶级领导的、以工农联盟为基础的人民民主专政的社会主义国家，国家性质决定了工人阶级的重要地位。产业工人是工人阶级中的主体力量，新形势下党要更好地治国理政，自然不能忽视团结引领产业工人在社会主义改革和建设中发挥其重要作用。

（2）增强产业工人队伍先进性的需要。目前，全国企业职工中掌握高技术高技能的比例依然偏低。因此，提高广大职工的技术技能水平成为产业工人队伍建设的当务之急。否则，工人阶级的先进性就无从谈起。当然，先进性的体现，除了"技术技能是基础"，还包括锻造他们的工人阶级品格，培养"大国工匠"的社会责任担当。

（3）促进制造强国战略落地的需要。实体经济的振兴离不开制造业的强大，要落实制造强国战略，就必须培养一支高素质的产业工人队伍。社会的发展和经济的转型升级，都离不开产业工人这个基本要素。

14.推进产业工人队伍建设改革的目标任务、原则是什么？有哪些重要举措？

通过产业工人队伍建设改革，使产业工人队伍不断壮大、综合素质明显提高，保障产业工人地位的制度更加健全，产业工人合法权益进一步实现，让劳动光荣、技能宝贵、创造伟大的时代风尚更加浓厚，从而造就一支有理想守信念、懂技术会创新、敢担当讲奉献的宏大的产业工人队伍。为此，要把产业工人队伍建设改革作为实施科教兴国战略、人才强国战略、创新驱动发展战略的重要支撑和基础保障，纳入国家和地方经济社会发展规划。

产业工人队伍建设改革涉及方方面面，有序推进改革，必须把握这几项原则：坚持党的领导，把握正确方向；坚持服务大局，发挥支撑作用；坚持以人为本，落实主体地位；坚持问题导向，勇于改革创新。

《新时期产业工人队伍建设改革方案》从5个方面提出了25条有针对性的改革举措。在加强和改进产业工人队伍思想政治建设方面，主要是强化和创新产业工人队伍党建工作，突出产业工人思想政治引领，健全保证产业工人主人翁地位的制度安排，创新面向产业工人的工会工作。在构建产业工人技能形成体系方面，主要是完善现代职业教育制度，改革职业技能培训制度，统筹发展职业学校教育和职业培训，改进产业工人技能评价方式，打造更多高技能人才，促进农民工融入城市、稳定就业。在运用互联网促进产业工人队伍建设方面，主要是创新产业工人队伍建设网络载体，打造网络学习平台，推行"互联网+"普惠性服务。在创新产业工人发展制度方面，主要是拓宽产业工人发展空间，畅通产业工人流动渠道，创新技能导向的激励机制，改进劳动和技能竞赛体系，加大对产业工人创新创效扶持力度，组织产业工人积极参与实施走出去战略和"一带一路"建设。在强化产业工人队伍建设支撑保障方面，主要是加强有关产业工人队伍建设的法治保障，完善财政投入机制，建立社会多元投入机制，完善产业工人劳动经济权益保障机制，深化产业工人队伍建设理论政策研究，营造尊重劳动、崇尚技能、鼓励创造的社会氛围。

15.如何扎实推进产业工人队伍建设改革?

2017 年 2 月 6 日，习近平总书记主持召开中央全面深化改革领导小组第三十二次会议，审议通过《新时期产业工人队伍建设改革方案》，同年 4 月，中共中央、国务院印发了这一方案，为加快建设一支高素质的产业工人队伍明确了"路线图""时间表"。就产业工人队伍建设改革专门进行谋划和部署，这充分体现了以习近平同志为核心的党中央对包括产业工人在内的工人阶级的高度重视和亲切关怀，释放了党中央始终坚持以人民为中心的发展思想和全心全意依靠工人阶级指导方针的强烈信号，对进一步巩固党的执政基础，实施制造强国战略，全面提高产业工人素质，具有重大而深远的意义。

为推动产业工人队伍建设改革向纵深发展，我们要不断提高政治判断力、政治领悟力、政治执行力，站在实现第二个百年奋斗目标、实现中华民族伟大复兴中国梦的全局和战略高度，深化对产业工人队伍建设改革重大意义的认识，进一步增强推进改革的责任感使命感紧迫感。要全面学习贯彻习近平总书记关于产业工人队伍建设改革的重要指示精神，牢牢把握改革的正确方向。要按照政治上保证、制度上落实、素质上提高、权益上维护的总体思路，围绕造就一支有理想守信念、懂技术会创新、敢担当讲奉献的宏大的产业工人队伍，聚焦产业工人思想引领、建功立业、素质提升、地位提高、队伍壮大等重点任务，总结推进产业工人队伍建设改革以来取得的经验，查找存在的问题与不足，采取更加有力的措施，进一步推动产业工人队伍建设改革上新台阶。

要扎实做好产业工人思想政治工作，提升对产业工人的思想引领力。要围绕爱党爱国爱社会主义主题，运用多种形式、渠道和载体，深入开展"永远跟党走""党旗在基层一线高高飘扬"等系列主题宣传教育活动，在广大职工中唱响共产党好、社会主义好、改革开放好、伟大祖国好、各族人民好的时代主旋律。要加强分析研判，深入了解当前形势下不同行业、不同产业的产业工人思想状况，结合产业工人的特点和心理，创新思想引领方式，把解决思想问题同解决产业工人"急难愁盼"的实际问题结合起来，不断增强思想政治工作的吸引力、感召力。要维护产业工人队伍稳定，及时加强情绪疏导，强化人文关怀，让产业工人队伍成为维护工人阶级队伍团结统一和社会大局和谐稳定的可信赖的坚实力量。

要组织动员广大产业工人建功立业，紧紧围绕国家重大战略、重大工程、重大项目、重点产业，广泛深入持久开展"建功'十四五'、奋进新征程"主题劳动和技能竞赛；组织职工积极参加技术革新、技术协作、发明创造、合理化建议、网上练兵和"小发明、小创造、小革新、小设计、小建议"等群众性创新活动。要大力弘扬劳模精神、劳动精神、工匠精神，把亿万职工群众中蕴藏的创新创造活力充分激发出来，为全面建设社会主义现代化国家建功立业。

要不断提高产业工人技术技能水平，加大产业工人职业技能培训力度，加快构建产业工人技能形成体系，重点推动完善现代职业教育制度、职工技能培训制度、高技能人才培养机制、"互联网+"培训机制等。要实施职业技能提升行动，落实终身职业技能培训制度，管好用好职工教育经费，建立培养补偿机制，提升各类主体特别是企业开展岗位技能培训的积极性、主动性、创造性。要落实技术工人培养、使用、评价、考核机制，健全提升技能人才待遇激励机制，完善以创新能力、质量、实效、贡献为导向的人才评价体系，畅通人才发展通道，鼓励更多产业工人走技能成才、技能报国之路。

要切实履行好工会维权服务基本职责，做好产业工人维权服务工作，推动落实就业优先政策，完善工资平等协商机制、正常增长机制、支付保障机制，推动提高技术工人待遇政策落实，助推实现多劳者多得、技高者多得。加大对相对困难职工的常态化帮扶力度，构建服务职工工作体系，发挥服务职工阵地作用，不断提升产业工人生活品质，推动实现共同富裕。健全以职工代表大会为基本形式的企事业单位民主管理制度，推动厂务公开、业务公开。加大对产业工人地位作用的宣传力度，进一步彰显产业工人的政治地位和社会地位。加大"劳动者港湾"、爱心驿站等工会户外劳动者服务站点建设推广力度，做实工会"互联网+"普惠性服务，帮助产业工人解决最关心最直接最现实的利益问题，让广大产业工人共享改革发展成果。

要以实际举措壮大产业工人队伍，加大对产业工人队伍发展状况的分析研判，聚焦存在的突出矛盾，推动解决影响队伍壮大的主要问题。要坚持"抓两头"，一头抓制造业工人队伍，以推动提高工资收入水平、加强技术技能培训、改善工作环境和条件、强化职工民主管理、提升工作稳定性、畅通职业发展通道等为重点，努力保持制造业工人队伍总体稳定并逐步壮大；一头抓新就业形态劳动者队伍，巩固拓展新就业形态劳动者建会入会成果，推动解决新就业形态劳动者反映强烈的劳动报酬、社会保险、休息休假、职业安全等突出问题，让新就业形态劳动者成为产业工人队伍的重要力量。

推进产业工人队伍建设改革，是工会组织贯彻落实习近平总书记重要讲话精神和党中央指示精神的必然要求，是工会的重要任务和历史使命，也是推进工会工作的重要契机、重要牵引和重要抓手。工会工作要以深化产业工人队伍建设改革为牵引，统筹推进工会工作和产业工人队伍建设改革，建机制、强功能、增实效，增强改革的系统性、整体性、协同性，以工会工作的改革创新为产业工人队伍建设改革提供有力支撑，以产业工人队伍建设改革的深化助推工会工作高质量发展。

16.如何提高高技能领军人才的政治待遇、经济待遇和社会待遇？

根据中共中央办公厅、国务院办公厅印发的《关于提高技术工人待遇的意见》，探索实行高技能领军人才在工会等群团组织中挂职和兼职，纳入党委联系专家范围。鼓励行业主管部门、群团组织、行业协会、企业及社会各方面力量，以多种方式对高技能领军人才进行特殊奖励。定期组织高技能领军人才国情研修考察、面向社会进行咨询服务等活动。鼓励企业吸纳高技能领军人才参与经营管理决策，适当提高其在职工代表大会中的比例。

鼓励企业为高技能领军人才制定职业发展规划和年资（年功）工资制度，科学评价技能水平和业绩贡献，合理确定年资起加点和工资级差。试行高技能领军人才年薪制和股权期权激励，鼓励各类企业设立特聘岗位津贴、带徒津贴等，参照高级管理人员标准落实经济待遇。对于参与国家科技计划项目的高技能领军人才，鼓励所在单位根据其在项目中的实际贡献给予绩效奖励。落实中央财政科研项目资金管理等政策，制定间接费用统筹使用内部管理办法，对高技能领军人才进行绩效奖励，提高高技能领军人才创新创造的积极性。对于解决重大工艺技术难题和重大质量问题、技术创新成果获得省部级以上奖项、"师带徒"业绩突出的，取消学历、年限等限制，破格晋升技术等级。

鼓励各地根据实际情况，研究探索对高技能领军人才在购（租）住房、安家补贴、子女接受义务教育等方面的支持政策，通过提供人才公寓和发放房租补贴等方式，解决引进高技能领军人才的住房问题。实施积分落户的城市，要重点考虑高技能领军人才落户需求并放宽落户条件限制。对经济结构调整中出现困难的企业，要保障高技能领军人才稳定就业，对他们的配偶、子女有就业愿望但未就业的，由有关部门积极提供职业指导和就业前培训，推荐就业岗位。

17.坚持走中国特色社会主义工会发展道路的重要性和必要性是什么？

中国特色社会主义工会发展道路是中国特色社会主义道路的重要组成部分，它创造性地回答了走什么样的工会发展道路、建设什么样的工会的时代课题，指明了中国工会的发展方向。

坚持走中国特色社会主义工会发展道路，是高举中国特色社会主义伟大旗帜，坚持中国特色社会主义道路、理论体系、制度的内在要求；

坚持走中国特色社会主义工会发展道路，是应对国际国内形势发展变化，在党和国家工作大局中充分发挥作用的客观需要；

坚持走中国特色社会主义工会发展道路，是做好新形势下职工群众工作，不断增强党的阶级基础、扩大党的群众基础的必然选择；

坚持走中国特色社会主义工会发展道路，是提高工会建设科学化水平，继续开创党的工运事业繁荣发展新局面的重要保证。

习近平总书记指出，"中国特色社会主义工会发展道路是中国特色社会主义道路的重要组成部分，深刻反映了中国工会的性质和特点，是工会组织和工会工作始终沿着正确方向前进的重要保证。要始终坚持这条道路，不断拓展这条道路，努力使这条道路越走越宽广"。

18.中国特色社会主义工会发展道路的科学内涵是什么？

中国特色社会主义工会发展道路内涵十分丰富，它顺应时代潮流，符合中国国情，体现工会性质，契合工运规律，科学回答了"走什么样的工会发展道路、建设什么样的工会"这一重大时代课题，使我们对新时代中国工会运动的认识升华到新的高度。

（1）坚持自觉接受党的领导。

坚持自觉接受党的领导，这是中国工会的根本政治原则，也是中国工会区别于西方工会的显著标志。坚持自觉接受党的领导，就是要以马克思主义和马克思主义中国化成果为指导，在思想上、政治上、行动上和以习近平同志为核心的党中央保持高度一致，认真贯彻党的各项路线方针政策，服从服务于党和国家工作大局，坚持工人阶级团结和工会组织统一，把坚持党的领导与独立自主创造性开展工作结合起来，始终做密切党和政府与职工群众联系的桥梁纽带。

（2）坚持工会的社会主义性质。

我国社会主义制度决定了中国工会的社会主义性质。坚持中国特色社会主义工会性质，就是要坚持中国特色社会主义道路、理论体系和制度，牢牢把握鲜明阶级性、广泛群众性和高度政治性的统一，在支持改革开放、推动科学发展，参与加强和创新社会管理、保持社会和谐，维护职工合法权益、促进社会公平正义等方面发挥积极作用。通过各种途径和形式，参与管理国家事务、管理经济和文化事业、管理社会事务；协助人民政府开展工作，维护工人阶级领导的、以工农联盟为基础的人民民主专政的社会主义国家政权。

（3）坚持发展工人阶级先进性。

我国工人阶级是先进生产力和生产关系的代表，是推进中国特色社会主义伟大事业的主力军。坚持发展工人阶级先进性，就是要推动党的全心全意依靠工人阶级根本方针的贯彻落实，倡导勤奋劳动、诚实劳动、创新劳动，弘扬工人阶级伟大品格和劳模精神、劳动精神、工匠精神，在全社会形成依靠主力军、建设主力军、发展主力军的浓厚氛围。充分发挥工会"大学校"作用，全面提高职工队伍的思想道德素质、科学文化素质和技术技能素质。

（4）坚持构建和谐劳动关系。

工会是发展和谐劳动关系的重要推动力量，承担着重要的社会责任。坚持构建和谐劳动关系，就是要以规范有序、公正合理、互利共赢、和谐稳定为目标，把劳动关系的建立、运行、监督、调处都纳入法治轨道。坚持党政主导的和谐劳动关系构建格局，主动站在协调劳动关系第一线，坚持依照法律通过协商、协调、沟通的办法化解劳动关系矛盾，不采取过激手段解决劳动纠纷。充分发挥工会与政府联席会议制度、协调劳动关系三方机制等作用，加强劳动合同、集体合同和职代会制度建设，深化创新厂务公开民主管理工作，促进企业与职工协商共事、机制共建、效益共创、利益共享，始终做发展社会主义新型劳动关系的重要社会力量。

（5）坚持维护职工群众合法权益。

坚持维护职工群众合法权益，就是要贯彻落实"组织起来、切实维权"工作方针，牢固树立"以职工为本，主动依法科学维权"工会维权观，坚持"促进企事业发展、维护职工权益"企事业工会工作原则，推动健全党政主导的职工群众权益维护机制，把维权工作贯穿于推动改革、促进发展、积极参与、大力帮扶的全过程，始终做职工合法权益的代表者和维护者。

（6）坚持完善社会主义劳动法律体系。

我国劳动法律法规是中国特色社会主义法律体系的重要组成部分，《工会法》、《中华人民共和国劳动法》（以下简称《劳动法》）、《中华人民共和国劳动合同法》（以下简称《劳动合同法》）等一系列劳动法律法规为履行工会各项职能、实现职工全面发展提供了法治保障。坚持完善社会主义劳动法律体系，就是要加强源头参与力度，代表和组织职工积极参与立法，大力推动劳动法律法规的制定实施，从制度上、源头上维护职工各项权益，保障职工当家作主权利。主动加大工会劳动法律监督力度，积极配合人大、政府、政协加强劳动法律执法检查、监察和视察工作，推动实现有法可依、有法必依、违法必究。大力开展法治宣传教育，使职工群众和工会干部增强法治观念，学会运用法律；充分运用法律武器履行工会职责，加强法律援助工作，把法律赋予的权力用好用足，始终做组织职工参与社会主义民主法治建设的重要渠道。

（7）坚持推动形成国际工运新秩序。

工会对外工作是工会全局工作的重要组成部分，是国家民间外交的重要方面。必须高举和平、发展、合作、工人权益的旗帜，遵循独立自主、互相尊重、求同存异、加强合作、增进友谊的方针，加强与国际、地区和各国工会的交往、交流与合作，切实维护我国国家利益和职工权益。要服从服务于国家总体外交和工会全局工作，坚持学习不照搬、借鉴不接轨，拓展中国工会国际舞台，扩大中国工会国际影响，提高中国工会国际地位，始终做推动形成公正合理、民主和谐国际工运新秩序的积极力量。

（8）坚持以改革创新精神加强工会自身建设。

坚持以改革创新精神加强工会自身建设，就是要充分激发工会组织特别是基层工会生机活力，提高工会服务科学发展、服务社会和谐、服务职工群众的能力本领，不断创新工会组织体制、运行机制和活动方式，建设学习型、服务型、创新型工会，始终做广大职工信赖的"职工之家"。

以上8个方面相互联系、有机结合，构成中国特色社会主义工会发展道路的完整体系，是一个不可分割的整体，其核心是坚持自觉接受党的领导，根本是坚持中国工会的社会主义性质，关键是坚持维护职工群众合法权益。

19.为什么要坚持全心全意依靠工人阶级？

全心全意依靠工人阶级，是由我们党和国家的性质决定的，是由工人阶级的地位和作用决定的。在近代中国社会变革洪流中成长起来的工人阶级，是中国历史上最伟大的阶级，从它一开始登上历史舞台，就显示出推动社会进步的巨大历史作用。无论是在如火如荼的新民主主义革命时期，还是在热火朝天的社会主义革命和建设时期，中国工人阶级在自己的先锋队中国共产党的领导下，都坚定地走在全民族伟大奋斗的前列，勇敢地担负起历史使命，以彻底的革命精神和蓬勃的创造力量，为实现民族独立和人民解放、国家富强和人民幸福建立了不朽的功勋。进入改革开放新的历史时期以来，在建设中国特色社会主义事业的伟大实践中，工人阶级大力发扬光荣传统，开拓进取，积极创业，为深化改革、促进发展、维护稳定作出了巨大的贡献。历史和实践充分证明，包括知识分子在内的我国工人阶级，始终是推动我国先进生产力发展和社会全面进步的根本力量，始终是不断发展人民群众根本利益的坚定力量，始终是维护社会安定团结的中坚力量。我国工人阶级是我们党最坚实、最可靠的阶级基础，是我们国家当之无愧的领导阶级。

2015年4月28日，习近平总书记在庆祝"五一"国际劳动节暨表彰全国劳动模范和先进工作者大会上的讲话中旗帜鲜明地指出，那种无视我国工人阶级成长进步的观点，那种无视我国工人阶级主力军作用的观点，那种以为科技进步条件下工人阶级越来越无足轻重的观点，都是错误的、有害的。不论时代怎样变迁，不论社会怎样变化，我们党全心全意依靠工人阶级的根本方针都不能忘记、不能淡化，我国工人阶级地位和作用都不容动摇、不容忽视。

坚持全心全意依靠工人阶级的方针，要按照"政治上保证、制度上落实、素质上提高、权益上维护"的总体思路，针对影响产业工人队伍发展的突出问题，创新体制机制，推动产业工人队伍建设改革，提高产业工人素质，畅通发展通道，依法保障权益，造就一支有理想守信念、懂技术会创新、敢担当讲奉献的宏大的产业工人队伍。

20.如何加强智慧工会建设？

智慧工会是中国工会为适应互联网时代特点，加快改革创新而提出的鲜明而具体的发展目标，是工会组织通过运用互联网、大数据、云计算、人工智能等先进信息技术构建的工会智能化服务职工体系，突出工会干部的主观能动性和工会

工作的精神文化层面，为职工群众提供普惠性、便捷性、精准性、常态化服务，形成线上线下相互融合的工会工作新格局。

2021 年 7 月全国总工会发布的《中国工运事业和工会工作"十四五"发展规划》中明确提出：加快智慧工会建设，打造工会工作升级版。《中华全国总工会关于加强县级工会建设的意见》提出：加快推进智慧工会建设，建设网上工作平台，借助县级融媒体，运用微博、微信、移动客户端等载体，打造网上网下相互促进、有机融合的工作新格局。所以，建设智慧工会是落实党中央对工会工作要求的重要举措，是全国总工会的重要工作部署，是新时代中国工会的政治任务。只有把智慧工会建设好、发展好，工会才能在新时代有所作为，才能与时俱进、永葆青春活力。

加快智慧工会建设是一项重要的系统工程，各级工会组织和工会干部要充分认识建设智慧工会的重大意义，认真学习贯彻习近平总书记的重要讲话精神，按照全国总工会的统一部署，采取各种积极有效措施，切实加快智慧工会建设步伐，推动智慧工会建设高质量发展。

（1）搞好顶层设计。智慧工会建设要统筹规划，做好顶层设计，推进上下级工会组织间互联互通，逐步形成全总主导、地方跟进、产业参与、协同互动、线上线下有机结合的工会网上工作体系，实现全国工会网络互联互通，数据和工作资源共享，做到既有分工又有合力，既能"通天"又能"接地"，形成全国工会系统网上工作"一盘棋"。

（2）加强网上平台建设，更好联系服务职工群众。智慧工会建设是做好群众工作的重要路径，网络平台是服务职工群众的重要阵地。建设智慧工会是构建"互联网+工会"服务职工体系、打造方便快捷、务实高效的服务职工通道，要不断提升运用网络服务职工的能力水平，实现服务对象全覆盖，服务时间全天候。

（3）整合工会网上资源，形成互通共融格局。智慧工会建设是资金密集和技术密集的系统工程，基础投入大，运维成本高，要有效利用国家网络基础设施和信息资源，着力整合全国工会系统网上资源，实现资源优化配置和有效利用。要通过融入网络工作大局，由主要依靠工会资源提供服务，转变为充分依靠党委政府，高效利用工会资源，并善于运用社会市场资源提供服务。

（4）建立完善智慧工会建设的制度机制。要统筹协调各个方面，健全智慧工会标准体系。网络工作部门通过与有关业务部门等加强协调，共同研究创新相关工作，推动网络信息技术与工会业务工作深度融合。同时加强与网信、人社、民政等有关部门联系，争取各方支持，形成联系服务职工的巨大合力。建立智慧工会配套技术标准体系、数据交换体系、资源目录体系等标准规范，实现标准一致、对接通畅，协调推进智慧工会建设。

（5）协同推进线上和线下建设。智慧工会是信息技术革命时代工会工作模式的一种创新，但它绝不能代替扎实有效的基层工会组织建设和实体服务的提供，不仅要大力建设线上平台及服务体系，也要加强线下服务实体建设，并不断改进线下服务方式和服务水平，形成完整的线上线下工作链条和无缝对接，做到"网上有需求、网下有服务；网上有声音，网下有行动；网上有培训，网下有实操；网上有窗口，网下有基地"。

（6）强化网络安全防护，为智慧工会提供安全保障。没有信息化就没有现代化，没有网络安全就没有国家安全。推进智慧工会建设，必须全面贯彻落实总体国家安全观，加强工会信息基础设施网络安全防护，强化网络安全信息统筹机制，提高网络安全事件应急指挥能力，做到关口前移，防患未然。要深入开展工会网络安全知识技能宣传普及，提高网络安全意识和防护技术，补齐短板，夯实基础，整体提升工会组织的网络安全保障能力。

（7）强化工会网络人才队伍建设。智慧工会建设必须有足够的人才队伍保障。要引入专业团队和社会人才充实网络工作人员，培养一批既精通工会工作又善于网络管理的复合型专业人才，为工会网上工作提供技术咨询、研发支持及运维保障。要更新观念、创新机制，改进作风、讲究方法，开展互联网理论和实务培训，提高工会干部运用互联网开展工作的能力。

（8）加强对智慧工会建设的组织领导。各级工会领导干部要提高思想认识，增强互联网思维，高度重视工会网上工作，强化工作自觉性和主动性，把智慧工会建设摆上重要的议事日程，作为重点工程来部署推进，找准智慧工会建设的切入点和着力点，切实加强智慧工会建设的组织领导，加大智慧工会建设的人财物等各方面投入保障，转变观念，开拓创新，加快智慧工会建设步伐，全面推进工会工作创新发展。

21.如何进一步加强基层工会建设？

基层工会离职工最近，联系职工最直接，服务职工最具体，是工会工作的基础和关键。只有把基层工会真正做实做强，把工作落实到基层，把工作做到职工群众之中，工会才能履行法定权利和义务，真正发挥作用、体现价值。加强基层工会建设，必须以职工为中心、让职工当主角，眼睛向下、面向基层，力量配备、服务资源向基层倾斜，着力扩大覆盖面、增强代表性，着力强化服务意识、提高维权能力，着力加强队伍建设、提高保障水平，切实增强工会组织的凝聚力。

一是要形成大抓基层的鲜明导向。要把基层工会建设作为工会改革的关键环节，摆在更加突出的位置加以推进，坚持落实到基层、落实靠基层理念，把工作力量、经费使用等进一步向基层倾斜，实现依法治会、开门办会、从严治会、人才兴会。

二是扩大基层工会有效覆盖。大力推进工会组建和会员发展工作，着力提升建会入会质量，努力做到依法应建尽建、应入尽入，实现建会入会工作新突破。切实做好农民工会员发展工作，积极探索运用多种形式，把农民工吸引到工会中来、吸引到工会活动中来。推进会员管理工作制度化、规范化、信息化，健全会员档案，做好会员登记和会员证发放工作，积极推进会员实名制管理，通过举行职工入会仪式等多种途径增强会员意识。会员组织关系随劳动关系流动，完善"源头入会、凭证接转、属地管理"机制，畅通会员组织关系接转渠道。

三是进一步增强基层工会活力。要进一步开展建设"职工之家"活动，加大维权服务力度，把基层工会建设成为职工信赖的"职工之家"。要进一步创新基层工会组织体制、管理模式、运行机制和活动方式，推进会务公开，深化会员评家工作，推动基层工会工作全面发展。

四是加强基层工会干部队伍建设。严格履行民主程序，选优配强基层工会主席。加强工会干部保护，充分调动基层工会干部积极性、主动性、创造性。运用市场化、社会化方式聘用社会化工会工作者，建立完善社会化工会工作者选聘、使用、履职、考核、退出等机制。加强基层工会干部培训工作，不断提高履职能力。

22.工会是法人吗？

法人是具有民事权利能力和民事行为能力，依法独立享有民事权利和承担民事义务的组织。《中华人民共和国民法典》（以下简称《民法典》）第58条规定："法人应当依法成立。法人应

当有自己的名称、组织机构、住所、财产或者经费。法人成立的具体条件和程序，依照法律、行政法规的规定。设立法人，法律、行政法规规定须经有关机关批准的，依照其规定。"第 59 条规定："法人的民事权利能力和民事行为能力，从法人成立时产生，到法人终止时消灭。"

《民法典》规定的法人种类有营利法人、非营利法人和特别法人。营利法人包括有限责任公司、股份有限公司和其他企业法人等。非营利法人包括事业单位、社会团体、基金会、社会服务机构等。特别法人包括机关法人、农村集体经济组织法人、城镇农村的合作经济组织法人、基层群众性自治组织法人等。

根据《工会法》规定，中华全国总工会、地方总工会、产业工会具有社会团体法人资格。基层工会组织具备《民法典》规定的法人条件的，依法取得社会团体法人资格。

23.基层工会申请法人资格登记，应当具备哪些条件？

基层工会申请法人资格登记，应当具备以下条件。

（1）依照《中华人民共和国工会法》和《中国工会章程》的规定成立。

（2）有自己的名称、组织机构和住所。

（3）工会经费来源有保障。

基层工会取得法人资格，不以所在单位是否具备法人资格为前提条件。

24.基层工会法人登记管理机关是什么？如何登记？

根据《基层工会法人登记管理办法》规定，中华全国总工会和县以上各级地方总工会为基层工会法人登记管理机关。登记管理机关相关部门之间应加强沟通，信息共享，协调配合做好工会法人登记管理工作。

基层工会法人登记按照属地原则，根据工会组织关系、经费收缴关系，实行分级管理。

（1）基层工会组织关系隶属于地方工会的，或与地方工会建立经费收缴关系的，由基层工会组织关系隶属地或经费关系隶属地相应的省级、市级或县级地方总工会负责登记管理。

（2）基层工会组织关系隶属于铁路、金融、民航等产业工会的，由其所在地省级总工会登记管理或授权市级总工会登记管理。

（3）中央和国家机关工会联合会所属各基层工会、在京的中央企业（集团）工会由中华全国总工会授权北京市总工会登记管理；京外中央企业（集团）工会由其所在地省级总工会登记管理或授权市级总工会登记管理。

登记管理机关之间因登记管理权限划分发生争议，由争议双方协商解决；协商解决不了的，由双方共同的上级工会研究确定。

根据《基层工会法人登记管理办法》规定，凡具备本办法规定条件的基层工会，应当于成立之日起 60 日内，向登记管理机关申请工会法人资格登记。基层工会申请工会法人资格登记，应当向登记管理机关提交下列材料：

（1）工会法人资格登记申请表；

（2）上级工会的正式批复文件；

（3）其他需要提交的证明、文件。

登记管理机关自受理登记申请之日起 15 日内完成对有关申请文件的审查。审查合格的，颁发《工会法人资格证书》，赋予统一社会信用代码；申请文件不齐备的，应及时通知基层工会补充相关文件，申请时间从文件齐备时起算；审查不合格，决定不予登记的，应当书面说明不予登记的理由。

《工会法人资格证书》应标注工会法人统一社会信用代码和证书编码。

25.什么是劳动关系？构建和谐劳动关系的重大意义是什么？

劳动关系是指劳动者与用人单位在实现劳动过程中建立的社会经济关系。劳动者，是指达到法定年龄，具有劳动能力，以从事某种社会劳动获得收入为主要生活来源，依据法律或合同的规定，在用人单位的管理下从事劳动并获取劳动报酬的自然人。用人单位，是指中国境内的企业、个体经济组织、民办非企业单位等组织。同时，也包括国家机关、事业单位、社会团体与劳动者建立劳动关系的。

为构建和谐劳动关系，推动科学发展，促进社会和谐，2015 年 3 月 21 日中共中央、国务院发布了《关于构建和谐劳动关系的意见》。

劳动关系是生产关系的重要组成部分，是最基本、最重要的社会关系之一。劳动关系是否和谐，事关广大职工和企业的切身利益，事关经济发展与社会和谐。在新时代，努力构建和谐劳动关系，是加强和创新社会管理、保障和改善民生的重要内容，是建设社会主义和谐社会的重要基础，是经济持续健康发展的重要保证，是增强党的执政基础、巩固党的执政地位的必然要求。

26.构建和谐劳动关系的工作原则、目标任务是什么？

构建和谐劳动关系的工作原则如下。

（1）坚持以人为本。把解决广大职工最关心、最直接、最现实的利益问题，切实维护其根本权益，作为构建和谐劳动关系的根本出发点和落脚点。

（2）坚持依法构建。健全劳动保障法律法规，增强用人单位依法用工意识，提高职工依法维权能力，加强劳动保障执法监督和劳动纠纷调处，依法处理劳动关系矛盾，把劳动关系的建立、运行、监督、调处的全过程纳入法治化轨道。

（3）坚持共建共享。统筹处理好促进企事业发展和维护职工权益的关系，调动劳动关系主体双方的积极性、主动性，推动企事业和职工协商共事、机制共建、效益共创、利益共享。

（4）坚持改革创新。从我国基本经济制度出发，统筹考虑公有制经济、非公有制经济和混合所有制经济的特点，不断探究和把握社会主义市场经济条件下劳动关系的规律性，积极稳妥推进具有中国特色的劳动关系工作理论、体制、制度、机制和方法创新。

目标任务是：加强调整劳动关系的法律、体制、制度、机制和能力建设，加快健全党委领导、政府负责、社会协同、用人单位和职工参与、法治保障的工作体制，加快形成源头治理、动态管理、应急处置相结合的工作机制，实现劳动用工更加规范，职工工资合理增长，劳动条件不断改善，职工安全健康得到切实保障，社会保险全面覆盖，人文关怀日益加强，有效预防和化解劳动关系矛盾，建立规范有序、公正合理、互利共赢、和谐稳定的劳动关系。

27.劳动关系的协调机制有哪些?

协调劳动关系的机制主要有以下几点。

（1）劳动合同制度。劳动合同是确立劳动关系的主要依据，也是劳动关系法治化、规范化的基础。应当贯彻落实好劳动合同法等法律法规，加强对用人单位实行劳动合同制度的监督、指导和服务，依法规范劳动合同订立、履行、变更、解除、终止等行为，切实提高劳动合同签订率和履行质量。

（2）集体协商与集体合同制度。集体协商与集体合同制度是现代工业社会，特别是市场经济国家普遍采用的调整劳动关系的一项重要法律制度。我国工会法规定，工会通过平等协商和集体合同制度，协调劳动关系，维护职工的劳动权益。应当进一步完善企业集体协商制度，不断扩大集体协商覆盖范围，积极稳妥推进行业性、区域性集体协商，实现工资分配公平公正，有效维护劳动者经济利益。

（3）劳动关系三方协调机制。劳动关系三方协调机制，是市场经济国家为促进劳动关系协调发展而普遍采取的一种重要方式；是政府、雇主和工会就与劳动关系相关的社会经济政策和劳动立法以及劳动争议等问题进行协商、谈判和合作的机制。在社会主义市场经济条件下，由工会组织、政府部门、企业代表组成的劳动关系三方协调机制，主要是协调全局或区域性劳动关系、协商处理劳动关系中的重大问题、维护企业和职工合法权益的有效途径。应当进一步完善三方机制职能，健全工作制度，充分发挥政府、工会和企业代表组织共同研究解决有关劳动关系重大问题的重要作用。

（4）职工民主管理制度。民主管理制度是促进劳动关系双方合作共赢的润滑剂，能在很大程度上消除分歧，促进和谐。应当完善以职工代表大会为基本形式的企事业民主管理制度，丰富职工民主参与形式，畅通职工民主参与渠道，依法保障职工的知情权、参与权、表达权、监督权。推进厂务公开制度化、规范化。推行职工董事、职工监事制度。

（5）劳动法律监督制度。加强劳动法律监督，切实贯彻落实劳动法律法规，是劳动关系和谐稳定的法治保障。

（6）劳动争议处理制度。及时妥善处理劳动争议，化解劳动关系矛盾，促进劳动关系和谐。坚持预防为主、基层为主、调解为主的工作方针，加强企业劳动争议调解委员会建设，推动各类企业普遍建立内部劳动争议协商调解机制。完善劳动争议调解制度，大力加强专业性劳动争议调解工作，健全人民调解、行政调解、仲裁调解、司法调解联动工作体系，充分发挥协商、调解在处理劳动争议中的基础性作用。完善劳动人事争议仲裁办案制度，规范办案程序，加大仲裁办案督查力度，进一步提高仲裁效能和办案质量，促进案件仲裁终结。加强裁审衔接与工作协调，积极探索建立诉讼与仲裁程序有效衔接、裁审标准统一的新规则、新制度。畅通法律援助渠道，依法及时为符合条件的职工提供法律援助，切实维护当事人合法权益。

（7）畅通职工诉求合理表达机制。职工诉求合理表达机制能够使用人单位及时了解职工的愿望及需求，更好地服务职工生产生活，推动和谐劳动关系的实现。要营造和谐的工作环境，健全企业内部的人际沟通制度，关注企业职工的心理波动，对职工关注的焦点热点问题进行深入沟通交流和心理疏导，回应职工对人际交往和诉求表达的需求。要创新职工诉求合理表达渠道，不仅要完善座谈会、定期走访、专门工作室等传统职工诉求渠道，还要建立微博、微信等新媒体诉求表达平台，搭建立体、高效、多维的诉求表达渠道。此外，工会组织应主动了解和掌握职工诉求，代表职工积极向企业和有关部门反映情况，充分发挥工会的组织桥梁和纽带功能，进而构建和谐劳动关系。

（8）完善劳动用工诚信评价制度。首先要建立劳动用工诚信评价的统一指标体系，为劳动用工诚信评价制度提供前提条件；还应建立劳动用工诚信动态数据库，将劳动用工诚信评价指标所包括的信息全部纳入其中，对企业劳动用工评价指标变动趋势进行实时监测，引导企业纠正违法用工行为；还应建立劳动用工诚信等级公示制度，对用人单位定期进行诚信等级评价，并将评价结果通过文件、报纸、电视、网站、新媒体等途径向社会公布，接受社会监督，切实维护职工的合法权益。

28.工会为什么要维护职工合法权益？

（1）维护职工合法权益是工会性质的必然要求。工会的性质决定工会的基本职责。《工会法》明确规定："工会是中国共产党领导的职工自愿结合的工人阶级群众组织，是中国共产党联系职工群众的桥梁和纽带。中华全国总工会及其各工会组织代表职工的利益，依法维护职工的合法权益。"这一规定表明工会是职工群众自己的组织，是职工利益的代表者和合法权益的维护者。这就要求工会必须站在职工的立场上，对职工负责，要坚持以职工为中心的工作导向，把竭诚为职工群众服务作为一切工作的出发点和落脚点，为职工群众办好事、办实事、解难事，把职工权利实现好、维护好、发展好。

（2）维护职工合法权益是我国的国体决定的。我国是工人阶级领导的、以工农联盟为基础的人民民主专政的社会主义国家，工人阶级是国家的领导阶级，广大职工依法享有当家作主的政治权利。这样的国体，决定了保障工人阶级和广大劳动群众的经济、政治、文化、社会、生态文明权益，是社会主义制度的根本要求，是党和国家一切工作的根本基点，也是发挥工人阶级和广大劳动群众积极性、主动性、创造性的根本途径；保障工人阶级和广大劳动群众行使管理国家事务、管理经济和文化事业、管理社会事务的权利，是社会主义民主的必然要求。

（3）维护职工合法权益是坚持党的"全心全意为人民服务"宗旨的重要体现。我们党的根本宗旨是"全心全意为人民服务"。党的这一宗旨，鲜明地昭示了党是代表全国各族人民利益的。党在任何时候都要把群众利益放在第一位，任何情况下都必须全心全意依靠工人阶级，维护工人阶级的合法权益。在发展社会主义市场经济的过程中，由于经济关系和劳动关系的变化，特别是在外商投资企业和私营企业中，仍然严重存在着侵犯职工合法权益的现象。因此，强化工会的维护职工合法权益、竭诚服务职工群众的基本职责，是我们党的根本宗旨的突出体现，也是党对工会的基本要求。只有从代表和维护职工的切身利益出发，才能从根本上调动广大职工的积极性和创造性，才能确保国家的总体利益更快更好地得以实现。

（4）维护职工合法权益是协调劳动关系、推动构建社会主义和谐社会的必然途径。建立规范有序、公正合理、互利共赢、和谐稳定的社会主义新型劳动关系，是构建社会主义和谐社会的重要内容和基础，也是建设富强民主文明和谐美丽的社会主义现代化强国的重要保障。这就要求工会要高举维权大旗，把维护职工合法权益放在更加突出的位置，通过参与协调劳动关系和社会利益关系，着力解决涉及职工群众切身利益的矛盾和问题，健全劳动关系协调机制，及时正确处理劳动关系矛盾纠纷，在协调的基础上促进劳动关系的和谐，防止激化矛盾，使劳动关系双方达成和谐的统一，使广大职工的利益得到更好实现和切实保障，推动形成全体人民各尽其能、各得其所而又和谐相处的社会。

（5）维护职工合法权益是职工群众对工会的基本要求。职工群众加入工会的最主要目的就是通过工会组织来维护自己的合法权益。当前，职工的民主意识和法律意识越来越强，维护自己合法权益的愿望也越来越强烈。维权工作已成为摆在各级工会组织面前的一项重点工作。因此，工会组织要赢得职工群众的信赖和支持，就必须把突出维权当作工会工作职能的重点工作来抓，切实维护好职工合法权益，不断增强工会组织的凝聚力与向心力。

（6）维护职工合法权益是法律赋予工会的神圣职责。《工会法》第6条规定："维护职工合法权益、竭诚服务职工群众是工会的基本职责。工会在维护全国人民总体利益的同时，代表和维护职工的合法权益。"《劳动法》第7条规定："劳动者有权依法参加和组织工会。工会代表和维护劳动者的合法权益，依法独立自主地开展活动。"各级工会组织和广大工会干部，要增强法治观念，提高法律素质，要严格按照《工会法》《劳动法》的规定办事，严格履行职责，不断提高法治化水平。

29.中国工会的维权观及维权的原则是什么？

中国工会的维权观是：以职工为本，主动依法科学维权。以职工为本是工会维权观的核心，体现了工会的性质。坚持以职工为本，就是要坚持一切依靠职工，一切为了职工，把职工群众的愿望与呼声作为工会维权工作的第一信号，把职工群众满意不满意作为衡量维权工作成效的重要依据。主动维权是做好维权工作的前提，坚持主动维权，就是要发扬主动精神，有主动的意识、超前的预见，充分发扬主观能动性，通过积极的、建设性的作为，通过推动发展、积极参与、加强沟通、平等协商，把维权工作做在前面。依法维权是做好维权工作的保障，坚持依法维权，就是要增强法治意识，运用法律手段，完善工会维权机制，把维权工作纳入规范化、制度化、法治化的轨道。科学维权是做好维权工作的关键，坚持科学维权就是要坚持用科学理论来指导，用科学态度来协调，用科学方法来推进，不断提高维权工作的科学化水平。

工会维权工作应遵循以下原则。

（1）坚持党的领导。

（2）坚持维护职工总体利益和具体利益相统一的原则。

（3）坚持依法维护的原则。凡是国家法律法规赋予职工的正当权益，工会都要依法进行维护。

（4）坚持促进改革与发展的原则。维护的目的是更好地为中心任务服务，为大局服务，不能脱离这个原则。

（5）坚持维护职工利益和履行义务相统一的原则。

（6）坚持平等协商的原则。在社会主义条件下，从根本上来讲，国家、单位和职工的利益是一致的，党政工都要代表职工的利益，在这个大前提下，许多问题、矛盾、纠纷，通过民主的、平等的协商完全是可以解决的。

30.工会应当维护职工哪些合法权益？

根据有关规定，工会维权的主要内容如下。

（1）劳动经济权益。

劳动经济权益是职工最基本最重要的权利和最具体最切身的利益，是劳动关系的核心内容。主要包括：劳动就业权、工资分配权、休息休假权、劳动安全卫生保护权、职业技能培训权、社会保险与福利权等。

（2）民主政治权利。

主要包括：民主管理权、民主监督权、依法参加和组织工会的权利等。

（3）精神文化权利。

精神文化权利是指职工依法在接受教育培训，不断丰富精神文化生活，努力提高自身思想道德和科学文化素质，增强创业能力和竞争能力等方面享有的权益。各级工会要全面实施职工素质建设工程，广泛开展职工文化体育活动，保障职工的学习权、教育培训权和发展权。

（4）社会权利。

工会组织和代表职工参与社会事务管理和社会利益关系协调的各项活动，保障职工在社会生活领域拥有的各项权益，享受社会公共事业服务与保障。

（5）生态文明权益。

工会要大力推进生态文明建设，维护职工环境权益。弘扬环境文化，促进人与人、人与自然和谐，为职工创造优美的生产、生活环境，切实保障职工的身体健康。

31.工会的维权格局与维权机制是什么？

工会维护职工合法权益要把坚持党政的主导性与发挥工会的主动性统一起来，加强与社会各方面的沟通、联系和配合，逐步实现政府调控机制同社会协调机

制的互联，政府行政功能同社会自治功能的互补，政府管理力量同社会调节力量的互动，努力形成党委领导、政府支持、社会配合、工会运作、职工参与的维权格局，确保维权工作取得实实在在的成效。

工会维权应当有机制保障。工会应当建立和完善的维权机制主要包括以下方面。

（1）建立健全利益协调机制，加强源头参与，推动完善工会与政府联席会议制度和协调劳动关系三方机制，抓好劳动合同、集体合同与职工代表大会3个关键环节，促进广大职工共享改革发展成果。

（2）建立健全诉求表达机制，进一步畅通信息渠道和诉求渠道，加强对职工权益实现状况的调查研究，有针对性地提出工会的政策建议，主动向党委报告、向政府反映职工的意愿和要求，督促企业落实有关法律法规和政策。

（3）建立健全矛盾调处机制，推动完善劳动保障法律监督制度和机制，搞好劳动保障群众监督与行政监察的配合，健全劳动关系矛盾预警和疏导机制、劳动争议调解仲裁机制，完善工会法律援助与服务机制，向困难职工、农民工提供及时有效的帮助。

（4）建立健全权益保障机制，围绕职工群众最关心最直接最现实的利益问题，大力促进就业和再就业，推动政府实施更加积极的就业政

策，主动参与收入分配方面有关法规政策的研究制定，加大理顺收入分配关系、规范收入分配秩序工作的力度，促进健全社会保障体系。

32.工会实行民主集中制的主要内容有哪些?

工会的组织原则是民主集中制。民主集中制是民主基础上的集中和集中指导下的民主相结合的制度。民主集中制是党的根本组织原则，也是工会的组织原则。

《中国工会章程》第 9 条规定，中国工会实行民主集中制，主要内容如下。

（1）个人服从组织，少数服从多数，下级组织服从上级组织。

（2）工会的各级领导机关，除它们派出的代表机关外，都由民主选举产生。

（3）工会的最高领导机关，是工会的全国代表大会和它所产生的中华全国总工会执行委员会。工会的地方各级领导机关，是工会的地方各级代表大会和它所产生的总工会委员会。

（4）工会各级委员会，向同级会员大会或者会员代表大会负责并报告工作，接受会员监督。会员大会和会员代表大会有权撤换或者罢免其所选举的代表和工会委员会组成人员。

（5）工会各级委员会，实行集体领导和分工负责相结合的制度。凡属重大问题由委员会民主讨论，作出决定，委员会成员根据集体的决定和分工，履行自己的职责。

（6）工会各级领导机关，加强对下级组织的领导和服务，经常向下级组织通报情况，听取下级组织和会员的意见，研究和解决他们提出的问题。下级组织应及时向上级组织请示报告工作。

33.加入工会的条件和程序是什么？

《工会法》第 3 条规定："在中国境内的企业、事业单位、机关、社会组织（以下统称用人单位）中以工资收入为主要生活来源的劳动者，不分民族、种族、性别、职业、宗教信仰、教育程度，都有依法参加和组织工会的权利。任何组织和个人不得阻挠和限制。"《中国工会章程》第 1 条规定："凡在中国境内的企业、事业单位、机关、社会组织中，以工资收入为主要生活来源或者与用人单位建立劳动关系的劳动者，不分民族、种族、性别、职业、宗教信仰、教育程度，承认工会章程，都可以加入工会为会员。"这些规定，明确了参加和组织工会是劳动者的基本权利，同时也明确了劳动者加入工会成为会员的必备条件，主要有以下 3 方面条件。

（1）所有加入工会的会员，必须是在中国境内企业、事业单位、机关、社会组织中的劳动者。在中国境内，无论是中国的企业还是外国的企业，或者是外国企业在我国的办事机构、代表处、代理处，以及在中国从事其他活动的事业单位、机关、社会团体和各种类型的社会组织，只要在我国境内，都应依照我国《工会法》及有关法律法规组建工会。

（2）所有加入工会的会员，必须是以工资收入为主要生活来源。这是劳动者加入工会的必要条件。以工资收入为主要生活来源，是指生活费用支出的大部分是依赖于个人的工资、津贴、奖金或者其他工资性收入。

（3）所有加入工会的会员，都必须承认中国工会章程。承认中国工会章程，这是劳动者加入工会的前提条件。申请加入工会的劳动者，必须首先承认中国工会章程，这样才能使全体会员为着共同的目标、共同的利益，努力形成共同的意志，采取一致的行动，使工会成为充满生机和活力的工人阶级群众组织。

除了上述 3 个方面条件外，《工会法》和《中国工会章程》没有对申请加入工会的劳动者设置其他限制性条件，也没有设置国籍限制、民族限制、性别限制、年龄限制、文化程度限制、健康状况限制等，从而保障了劳动者参加和组织工会的权利。

根据中华全国总工会印发的《工会会员会籍管理办法》规定，职工加入工会的基本程序如下。

（1）本人自愿申请。

凡是符合条件的职工，均可自愿申请加入工会。职工申请加入工会的方式主要有以下两种。

①口头或书面申请入会。

由职工本人通过口头或书面形式提出入会申请，填写《中华全国总工会入会申请书》和《工会会员登记表》，报基层工会委员会。

②网上申请入会。

由职工通过网站、微博、邮件等网络渠道，向工会组织提供相关信息，表达自己的入会愿望；工会按照线上申请、线下受理、分级审核、全程跟踪等程序，及时受理职工需求，办理相关审批手续。

尚未建立工会组织的用人单位职工，按照属地和行业就近原则，可以向上级工会提出入会申请，在上级工会的帮助指导下加入工会。用人单位建立工会后，应及时办理会员会籍接转手续。

非全日制等形式灵活就业的职工，可以申请加入所在单位工会，也可以申请加入所在地的乡镇（街道）、开发区（工业园区）、村（社区）工会和区域（行业）工会联合会等。会员会籍由上述工会管理。

农民工输出地工会应当开展入会宣传，启发农民工入会意识；输入地工会按照属地管理原则，广泛吸收农民工加入工会。农民工会员变更用人单位时，应及时办理会员会籍接转手续，不需重复入会。

（2）基层工会委员会审核。

基层工会委员会接到职工入会申请书后，应及时召开会议，研究审查接纳职工入会事项。审查的主要内容有：①申请人是否符合入会条件；②是否自愿；③是否符合入会手续。符合条件和手续的，应当接纳入会，并在职工入会申请书上签署意见。

（3）基层工会委员会批准并发给会员证。

经基层工会委员会审核批准，即为中华全国总工会会员，发给《中华全国总工会会员证》，取得会员会籍，享有会员权利，履行会员义务。工会会员卡也可以作为会员身份凭证。

基层工会可以通过举行入会仪式、集体发放会员证或会员卡等形式，增强会员意识。

34.劳务派遣工可以加入工会吗？

根据《劳动合同法》第 64 条规定，被派遣劳动者有权在劳务派遣单位或者用工单位依法参加或者组织工会，维护自身的合法权益。《中华全国总工会关于组织劳务派遣工加入工会的规定》对劳务派遣工加入工会作了如下规定。

情系职工 真诚服务

（1）劳务派遣单位和用工单位都应当依法建立工会组织，吸收劳务派遣工加入工会，任何组织和个人不得阻挠和限制。劳务派遣工应首先选择参加劳务派遣单位工会，劳务派遣单位工会委员会中应有相应比例的劳务派遣工会员作为委员会成员。劳务派遣单位没有建立工会组织的，劳务派遣工直接参加用工单位工会。

（2）在劳务派遣工会员接受派遣期间，劳务派遣单位工会可以委托用工单位工会代管。劳务派遣单位工会与用工单位工会签订委托管理协议，明确双方对会员组织活动、权益维护等的责任与义务。

（3）劳务派遣工的工会经费应由用工单位按劳务派遣工工资总额的 2% 提取并拨付劳务派遣单位工会，属于应上缴上级工会的经费，由劳务派遣单位工会按规定比例上缴。用工单位工会接受委托管理劳务派遣工会员的，工会经费留用部分由用工单位工会使用或由劳务派遣单位工会和用工单位工会协商确定。

（4）劳务派遣工会员人数由会籍所在单位统计。加入劳务派遣单位工会的，包括委托用工单位管理的劳务派遣工会员，由劳务派遣单位工会统计，直接加入用工单位工会的由用工单位工会统计。

（5）劳务派遣单位工会牵头、由使用其劳务派遣工的跨区域的用工单位工会建立的基层工会联合会，不符合建立区域性、行业性基层工会联合会的规定，应予纠正。

（6）上级工会应加强督促检查，切实指导和帮助劳务派遣单位和用工单位工会做好劳务派遣工加入工会和维护权益工作。

35.新就业形态劳动者有参加和组织工会的权利吗?

新就业形态是劳动者依托移动互联网平台，获得就业机会，从事劳动工作并取得劳动报酬的就业形态。近年来，平台经济迅速发展，创造了大量就业机会，依托互联网平台就业的网约配送员、网约车驾驶员、货车司机、互联网营销师等新就业形态劳动者数量大幅增加，维护劳动者劳动保障权益面临新情况新问题。为切实维护新就业形态劳动者参加和组织工会的权利，《工会法》第 3 条第 2 款规定："工会适应企业组织形式、职工队伍结构、劳动关系、就业形态等方面的发展变化，依法维护劳动者参加和组织工会的权利。"该规定明确了新就业形态劳动者参加和组织工会的权利，为工会组织新就业形态劳动者建会入会提供了坚强的法律保障。为了最大限度把新就业形态劳动者组织到工会中来，团结凝聚在党的周围，2021 年 9 月 18 日全国总工会办公厅印发了《关于推进新就业形态劳动者入会工作的若干意见（试行）》，从夯实新就业形态劳动者入会组织基础、明确入会路径、创新入会及管理方式、深化维权服务工作、强化工作经费保障等方面作出明确规定。

36.如何夯实新就业形态劳动者入会的组织基础？

（1）推动用人单位依法建立工会组织。聚焦重点行业、重点领域，推动互联网平台企业特别是头部企业及所属子公司、分公司，以及货运挂靠企业、快递加盟企业、外卖配送代理商、劳务派遣公司等关联企业普遍建立工会组织，完善组织架构，广泛吸收新就业形态劳动者入会。

（2）加强新就业形态行业工会联合会建设。根据地方和行业实际，按一个或多个行业成立以覆盖新就业形态劳动者为主的行业工会联合会，作为吸收新就业形态劳动者入会和管理服务的重要载体。有条件的配备社会化工会工作者、保障工作经费。

（3）完善"小三级"工会组织体系。建强乡镇（街道）、村（社区）工会组织，承担新就业形态劳动者入会"兜底"功能。对应党建片区、社会治理网格、园区、商圈、楼宇等，建立相应的区域工会，推行工会网格化模式，夯实组织基础，扩大有效覆盖。

37.新就业形态劳动者入会路径有哪些?

（1）与用人单位建立劳动关系或符合确定劳动关系情形的新就业形态劳动者，应加入用人单位工会。用人单位没有成立工会的，可加入用人单位所在地的乡镇（街道）、开发区（工业园区）、村（社区）工会或区域性行业性工会联合会、联合工会等。待用人单位建立工会后，及时办理会员组织关系接转手续。

（2）不完全符合确立劳动关系情形及个人依托平台自主开展经营活动等的新就业形态劳动者，可以加入工作或居住地的乡镇（街道）、开发区（工业园区）、村（社区）工会或区域性行业性工会联合会、联合工会等。鼓励平台企业、挂靠企业工会等吸纳新就业形态劳动者入会。

（3）以劳务派遣形式就业的新就业形态劳动者加入工会，依照《中华全国总工会关于组织劳务派遣工加入工会的规定》（总工发〔2009〕21号）执行。用人单位、用工单位均没有成立工会的，可加入用人或用工单位所在地的乡镇（街道）、开发区（工业园区）、村（社区）工会或区域性行业性工会联合会、联合工会等。

38.如何创新新就业形态劳动者入会及管理方式?

（1）适应新就业形态劳动者用工关系复杂、就业灵活、流动性大等特点，优化入会流程，方便组织劳动者入会。探索推行集体登记入会、流动窗口入会、职工沟通会现场入会等方式，举行集中入会仪式等做法，增强会员意识，扩大工会影响。

（2）针对新就业形态劳动者多依托互联网平台就业的实际，结合智慧工会建设，加快推进网上入会试点步伐，逐步健全支持网上便捷入会的数据系统和服务平台。有条件的地方，可以试行网上入会全流程操作。探索依托平台企业开展宣传引导、网上入会和维权服务。

（3）坚持新就业形态劳动者会员劳动（工作）关系在哪里，会籍就在哪里，实行一次入会、动态接转，加强流动会员管理，畅通组织关系接转渠道。探索基层工会联合会直接发展会员方式。及时将新就业形态劳动者会员纳入基层工会组织和工会会员数据库实名动态管理，逐步打通网上接转会员组织关系通道。

39.如何深化维权服务，吸引新就业形态劳动者入会？

（1）坚持服务先行，打造线上线下有机融合的服务新就业形态劳动者工作体系。争取社会力量支持参与，探索面向货车司机等重点群体的关爱基金和意外伤害险等服务项目，开展以满足新就业形态劳动者需求为导向的服务活动。规范和做好工会户外劳动者服务站点相关工作，推动"司机之家"建设和"会、站、家"一体化建设，有效凝聚新就业形态劳动者。

（2）探索平台企业实行民主管理的方式方法，注重发挥产业、行业工会作用，引导平台企业和劳动者在劳动报酬、奖惩办法、工作时间、劳动定额等方面进行协商，为劳动者搭建理性有序表达合理利益诉求的渠道，保障劳动者对涉及切身利益重要事项的知情权、参与权、表达权，加强对平台企业执行劳动法律法规的有效监督。

40.为什么要积极推行工会会员实名制管理？

工会会员实名制管理，主要是指依托互联网，建立工会会员实名制管理数据库，搭建会员信息统计平台，借助信息技术手段实现对会员会籍管理的规范化、及时化、动态化、便捷化和智能化，实现动态统计分析工会组织和会员情况，为部署指导工作需要提供方便快捷的基层工会和会员信息数据服务。

推行工会会员实名制管理，是夯实基层工会基础、发挥党联系职工群众的桥梁和纽带作用的需要。随着经济社会发展和建会工作深入推进，基层工会组织数量和会员数量快速增长，会员流动愈加频繁，工会要发挥党联系职工群众的桥梁和纽带作用，必须顺应新形势，建立工会会员实名制管理数据库，准确掌握会员群众的动态发展情况，才能更好地组织、凝聚、服务、引导广大会员群众，为做好工会工作奠定基础。

推行工会会员实名制管理，是加强和改进新形势下工会组建工作的需要。当前，职工队伍发生了很大的变化，传统的会员统计和会籍管理方式已经不能适应形势发展的需要，在一定程度上存在重复统计或缺漏统计等现象。促进基层工会组织建设的规范化，创新工会组建和职工入会方式，迫切需要推行工会会员实名制登记。

推行工会会员实名制管理，是进一步联系和服务会员群众、建立服务型工会的需要。建设全覆盖、普惠制的服务型工会，工会会员实名制管理是基础。会员实名制不仅创新了会员管理的办法，促进会员管理的便捷化和智能化，而且将不同层次的会员群体融合于一个服务平台，为进一步联系和服务会员群众、建立服务型工会奠定坚实基础。

41.工会会员有哪些权利和义务？

根据《中国工会章程》第 3 条规定，工会会员享有以下权利。

（1）选举权、被选举权和表决权。

（2）对工会工作进行监督，提出意见和建议，要求撤换或者罢免不称职的工会工作人员。

（3）对国家和社会生活问题及本单位工作提出批评与建议，要求工会组织向有关方面如实反映。

（4）在合法权益受到侵犯时，要求工会给予保护。

（5）工会提供的文化、教育、体育、旅游、疗休养、互助保障、生活救助、法律服务、就业服务等优惠待遇；工会给予的各种奖励。

（6）在工会会议和工会媒体上，参加关于工会工作和职工关心问题的讨论。

根据《中国工会章程》第4条规定，工会会员履行下列义务。

（1）认真学习贯彻习近平新时代中国特色社会主义思想，学习党的基本知识和党的历史，学习政治、经济、文化、法律、科技和工会基本知识等。

（2）积极参加民主管理，努力完成生产和工作任务，立足本职岗位建功立业。

（3）遵守宪法和法律，践行社会主义核心价值观，弘扬中华民族传统美德，恪守社会公德、职业道德、家庭美德、个人品德，遵守劳动纪律。

（4）正确处理国家、集体、个人三者利益关系，向危害国家、社会利益的行为作斗争。

（5）维护中国工人阶级和工会组织的团结统一，发扬阶级友爱，搞好互助互济。

（6）遵守工会章程，执行工会决议，参加工会活动，按月交纳会费。

42.工会会员会籍管理有什么规定？

《工会会员会籍管理办法》规定，工会会员管理的主要规定包括以下方面。

（1）基层工会应建立会员档案，实行会员实名制，动态管理会员信息，保障会员信息安全。

（2）会员劳动（工作）关系发生变化后，由调出单位工会填写会员证"工会组织关系接转"栏目中有关内容。会员的《工会会员登记表》随个人档案一并移交。会员以会员证或会员卡等证明其工会会员身份，新的用人单位工会应予以接转登记。

（3）已经与用人单位解除劳动（工作）关系并实现再就业的会员，其会员会籍应转入新的用人单位工会。如新的用人单位尚未建立工会，其会员会籍原则上应暂时保留在会员居住地工会组织，待所在单位建立工会后，再办理会员会籍接转手续。

（4）临时借调到外单位工作的会员，其会籍一般不作变动。如借调时间 6 个月以上，借调单位已建立工会的，可以将会员关系转到借调单位工会管理。借调期满后，会员关系转回所在单位。会员离开工作岗位进行脱产学习的，如与单位仍有劳动（工作）关系，其会员会籍不作变动。

（5）联合基层工会的会员会籍接转工作，由联合基层工会负责。区域（行业）工会联合会的会员会籍接转工作，由会员所在基层工会负责。

（6）各级工会分级负责本单位本地区的会员统计工作。农民工会员由输入地工会统计。劳务派遣工会员由劳务派遣单位工会统计，加入用工单位工会的由用工单位工会统计。保留会籍的人员不列入会员统计范围。

43.工会会员会籍保留与取消有什么规定？

《中国工会章程》规定，会员有退会自由。会员退会由本人向工会小组提出，由基层工会委员会宣布其退会并收回会员证。会员没有正当理由连续 6 个月不交纳会费、不参加工会组织生活，经教育拒不改正，应当视为自动退会。对不执行工会决议、违反工会章程的会员，给予批评教育。对严重违法犯罪并受到刑事处罚的会员，开除会籍。开除会员会籍，须经工会小组讨论，提出意见，由基层工会委员会决定，报上一级工会备案。

《工会会员会籍管理办法》对工会会员会籍管理与取消的规定主要包括以下方面。

（1）会员退休（含提前退休）后，在原单位工会办理保留会籍手续。退休后再返聘参加工作的会员，保留会籍不作变动。

（2）内部退养的会员，其会籍暂不作变动，待其按国家有关规定正式办理退休手续后，办理保留会籍手续。

（3）会员失业的，由原用人单位办理保留会籍手续。原用人单位关闭或破产的，可将其会籍转至其居住地的乡镇（街道）或村（社区）工会。重新就业后，由其本人及时与新用人单位接转会员会籍。

（4）已经加入工会的职工，在其服兵役期间保留会籍。服兵役期满，复员或转业到用人单位并建立劳动关系的，应及时办理会员会籍接转手续。

（5）会员在保留会籍期间免交会费，不再享有选举权、被选举权和表决权。

(6) 会员有退会自由。对于要求退会的会员，工会组织应做好思想工作。对经过做思想工作仍要求退会的，由会员所在的基层工会讨论后，宣布其退会并收回其会员证或会员卡。会员没有正当理由连续 6 个月不交纳会费、不参加工会组织生活，经教育拒不改正，应视为自动退会。

(7) 对严重违法犯罪并受到刑事处分的会员，开除会籍。开除会员会籍，须经会员所在工会小组讨论提出意见，由工会基层委员会决定，并报上一级工会备案，同时收回其会员证或会员卡。

44.各级工会委员会怎样产生?

各级工会委员会由会员大会或者会员代表大会民主选举产生。工会各级代表大会的代表和委员会的产生，要充分体现选举人的意志。候选人名单要反复酝酿、充分讨论。选举采用无记名投票方式，可以直接采用候选人数多于应选人数的差额选举办法进行正式选举，也可以先采用差额选举办法进行预选，产生候选人名单，然后进行正式选举。任何组织和个人，不得以任何方式强迫选举人选举或不选举某个人。

45.工会女职工委员会怎样产生? 其基本任务是什么?

工会女职工委员会是在同级工会委员会领导下和上一级工会女职工委员会指导下的具有民主性、代表性的女职工组织，根据女职工的特点和意愿开展工作。《中国工会章程》规定，各级工会建立女职工委员会，表达和维护女职工的合法权益。女职工委员会由同级工会委员会提名，在充分协商的基础上组成或者选举产生，女职工委员会与工会委员会同时建立，在同级工会委员会领导下开展工作。企业工会女职工委员会是县或者县以上妇联的团体会员，通过县以上地方工会接受妇联的业务指导。

《工会法》规定，女职工人数较多的，可以建立工会女职工委员会，在同级工会领导下开展工作；女职工人数较少的，可以在工会委员会中设女职工委员。

根据《工会女职工委员会工作条例》规定，工会女职工委员会的基本任务有以下几方面。

（1）加强思想政治引领，组织女职工认真学习习近平新时代中国特色社会主义思想，开展理想信念教育，承担团结引导女职工听党话、跟党走的政治责任。教育女职工践行社会主义核心价值观，树立自尊、自信、自立、自强精神，不断提高思想道德素质、科学文化素质、技术技能素质和身心健康素质，建设有理想、有道德、有文化、有纪律的女职工队伍。

（2）按照"五位一体"总体布局和"四个全面"战略布局要求，践行新发展理念，把握为实现中华民族伟大复兴的中国梦而奋斗的工人运动时代主题，弘扬劳模精神、劳动精神、工匠精神，动员和组织广大女职工在改革发展稳定第一线建功立业。

（3）依法维护女职工在政治、经济、文化、社会和家庭等方面的合法权益和特殊利益，同一切歧视、虐待、摧残、迫害女职工的行为作斗争。

（4）参与有关保护女职工权益的法律、法规、规章、政策的制定和完善，监督、协助有关部门贯彻实施。代表和组织女职工依法依规参加本单位的民主管理和民主监督。参与平等协商、签订集体合同和女职工权益保护等专项集体合同工作，并参与监督执行。指导和帮助女职工与用人单位签订并履行劳动合同。参与涉及女职工特殊利益的劳动关系协调和劳动争议调解，及时反映侵害女职工权益问题，督促和参与侵权案件的调查处理。做好对女职工的关爱服务，加强对困难女职工的帮扶救助。

（5）开展家庭文明建设工作，围绕尊老爱幼、男女平等、夫妻和睦、勤俭持家、邻里团结等内容，充分发挥女职工在弘扬中华民族家庭美德、树立良好家风方面的独特作用。

（6）推动营造有利于女职工全面发展的社会环境，发现、培养、宣传和推荐优秀女性人才，组织开展五一巾帼奖等评选表彰。

（7）会同工会有关部门和社会有关方面共同做好女职工工作。在有关方面研究决定涉及女职工利益问题时，积极提出意见建议。

（8）与国际组织开展交流活动，为促进妇女事业发展作出贡献。

46. 中国工会的组织领导原则是什么？

中国工会实行产业和地方相结合的组织领导原则。同一企业、事业单位、机关、社会组织中的会员，组织在一个基层工会组织中；同一行业或者性质相近的几个行业，根据需要建立全国的或者地方的产业工会组织。除少数行政管理体制实行垂直管理的产业，其产业工会实行产业工会和地方工会双重领导，以产业工会领导为主外，其他产业工会均实行以地方工会领导为主，同时接受上级产业工会领导的体制。各产业工会的领导体制，由中华全国总工会确定。

47. 中国工会全国代表大会的职权是什么？

中国工会全国代表大会，每 5 年举行 1 次，由中华全国总工会执行委员会召集。在特殊情况下，由中华全国总工会执行委员会主席团提议，经执行委员会全体会议通过，可以提前或者延期举行。代表名额和代表选举办法由中华全国总工会决定。

中国工会全国代表大会的职权如下：

（1）审议和批准中华全国总工会执行委员会的工作报告；

（2）审议和批准中华全国总工会执行委员会的经费收支情况报告和经费审查委员会的工作报告；

（3）修改中国工会章程；

（4）选举中华全国总工会执行委员会和经费审查委员会。

中华全国总工会执行委员会，在全国代表大会闭会期间，负责贯彻执行全国代表大会的决议，领导全国工会工作。

48.产业工会全国代表大会和按照联合制、代表制原则组成的产业工会全国委员会全体会议的职权是什么？

产业工会是根据产业原则建立起来的工会组织，是我国工会的重要组成部分。产业原则是指，凡在同一用人单位内的所有职工，都组织在同一产业工会内。产业工会是在职业工会的基础上，克服了职业工会的弱点发展起来的。其优点是加强了同一用人单位内职工的团结和统一领导，能充分发挥和利用职工集体的力量。相同或相近的产业工会联合起来，就形成了产业工会的地方组织和全国组织。《工会法》第 11 条第 4 款规定："同一行业或者性质相近的几个行业，可以根据需要建立全国的或者地方的产业工会。"

产业工会全国委员会的建立，经中华全国总工会批准，可以按照联合制、代表制原则组成，也可以由产业工会全国代表大会选举产生。全国委员会每届任期 5 年。任期届满，应当如期召开会议，进行换届选举。在特殊情况下，经中华全国总工会批准，可以提前或者延期举行。

产业工会全国代表大会和按照联合制、代表制原则组成的产业工会全国委员会全体会议的职权是：审议和批准产业工会全国委员会的工作报告；选举产业工会全国委员会或者产业工会全国委员会常务委员会。独立管理经费的产业工会，选举经费审查委员会，并向产业工会全国代表大会或者委员会全体会议报告工作。产业工会全国委员会常务委员会由主席 1 人、副主席若干人、常务委员若干人组成。

49.工会的地方各级代表大会的职权是什么？

省、自治区、直辖市，设区的市和自治州，县（旗）、自治县、不设区的市的工会代表大会，由同级总工会委员会召集，每 5 年举行 1 次。在特殊情况下，由同级总工会委员会提议，经上一级工会批准，可以提前或者延期举行。工会的地方各级代表大会的职权如下：

（1）审议和批准同级总工会委员会的工作报告；

（2）审议和批准同级总工会委员会的经费收支情况报告和经费审查委员会的工作报告；

（3）选举同级总工会委员会和经费审查委员会。

50.建立基层工会组织在会员人数上有什么规定？基本程序是什么？

根据《中国工会章程》规定，企业、事业单位、机关、社会组织等基层单位，应当依法建立工会组织。社区和行政村可以建立工会组织。从实际出发，建立区域性、行业性工会联合会，推进新经济组织、新社会组织工会组织建设。有会员 25 人以上的，应当成立基层工会委员会；不足 25 人的，可以单独建立基层工会委员会，也可以由两个以上单位的会员联合建立基层工会委员会，也可以选举组织员或者工会主席 1 人，主持基层工会工作。基层工会委员会有女会员十人以上的建立女职工委员会，不足十人的设女职工委员。

职工 200 人以上企业、事业单位、社会组织的工会设专职工会主席。工会专职工作人员的人数由工会与企业、事业单位、社会组织协商确定。

建立基层工会组织的基本程序如下：

（1）征得同级党委和上级工会的同意；

（2）成立工会筹备组、发展工会会员；

（3）提名基层工会委员会委员、主席、副主席候选人；

（4）召开会员大会或会员代表大会选举基层工会委员会委员、主席、副主席；选举工会经费审查委员会；

（5）报上一级工会审查批准；

（6）依法办理工会法人资格登记。

51.基层工会会员代表大会的职权有哪些？

会员不足 100 人的基层工会组织，应召开会员大会；会员 100 人以上的基层工会组织，应召开会员大会或会员代表大会。基层工会会员代表大会是基层工会的最高领导机构，讨论决定基层工会重大事项，选举基层工会领导机构，并对其进行监督。

基层工会会员代表大会实行届期制，每届任期 3 年或 5 年，具体任期由会员代表大会决定。会员代表大会任期届满，应按期换届。遇有特殊情况，经上一级工会批准，可以提前或延期换届，延期时间一般不超过半年。

基层工会会员代表大会每年至少召开 1 次，经基层工会委员会、1/3 以上的会员或 1/3 以上的会员代表提议，可以临时召开会员代表大会。

基层工会会员代表大会的职权如下：

（1）审议和批准基层工会委员会的工作报告；

（2）审议和批准基层工会委员会经费收支预算决算情况报告、经费审查委员会工作报告；

（3）开展会员评家，评议基层工会开展工作、建设职工之家情况，评议基层工会主席、副主席履行职责情况；

（4）选举和补选基层工会委员会和经费审查委员会组成人员；

（5）选举和补选出席上一级工会代表大会的代表；

（6）罢免其所选举的代表、基层工会委员会组成人员；

（7）讨论决定基层工会其他重大事项。

52.基层工会会员代表大会的会员代表名额及其组成有什么规定？

会员代表名额，按会员人数确定：

会员 100 至 200 人的，设代表 30 至 40 人；

会员 201 至 1000 人的，设代表 40 至 60 人；

会员 1001 至 5000 人的，设代表 60 至 90 人；

会员 5001 至 10000 人的，设代表 90 至 130 人；

会员 10001 至 50000 人的，设代表 130 至 180 人；

会员 50001 人以上的，设代表 180 至 240 人。

基层工会会员代表的组成应以一线职工为主，体现广泛性和代表性。中层正职以上管理人员和领导人员一般不得超过会员代表总数的 20%。女职工、青年职工、劳动模范（先进工作者）等会员代表应占一定比例。

规模较大、人数众多、工作地点分散、工作时间不一致，会员代表难以集中的基层工会，可以通过电视电话会议、网络视频会议等方式召开会员代表大会。不涉及无记名投票的事项，可以通过网络进行表决。如进行无记名投票的，可在分会场设立票箱，在规定时间内统一投票、统一计票。

53.基层工会会员代表大会的会员代表是如何产生的？

会员代表应由会员民主选举产生，不得指定会员代表。劳务派遣工会员民主权利的行使，如用人单位工会与用工单位工会有约定的，依照约定执行；如没有约定或约定不明确的，在劳务派遣工会员会籍所在工会行使。

会员代表的选举，一般以下一级工会或工会小组为选举单位进行，两个以上会员人数较少的下一级工会或工会小组可作为一个选举单位。会员代表由选举单位会员大会选举产生。规模较大、管理层级较多的单位，会员代表可由下一级会员代表大会选举产生。

选举单位按照基层工会确定的代表候选人名额和条件，组织会员讨论提出会员代表候选人，召开有 2/3 以上会员或会员代表参加的大会，采取无记名投票方式差额选举产生会员代表，差额率不低于 15%。

会员代表候选人，获得选举单位全体会员过半数赞成票时，方能当选；由下一级会员代表大会选举时，其代表候选人获得应到会代表人数过半数赞成票时，方能当选。

会员代表选出后，应由基层工会委员会或工会筹备组，对会员代表人数及人员结构进行审核，并对会员代表进行资格审查。符合条件的会员代表人数少于原定代表人数的，可以把剩余的名额再分配，进行补选，也可以在符合规定人数情况下减少代表名额。

基层工会会员代表实行常任制，任期与会员代表大会届期一致，会员代表可以连选连任。

54.基层工会会员代表大会的会员代表应具备哪些条件？有哪些职责？

会员代表应具备以下条件：

（1）工会会员，遵守工会章程，按期缴纳会费；

（2）拥护党的领导，有较强的政治觉悟；

（3）在生产、工作中起骨干作用，有议事能力；

（4）热爱工会工作，密切联系职工群众，热心为职工群众说话办事；

（5）在职工群众中有一定的威信，受到职工群众信赖。

工会会员代表的职责主要有以下方面：

（1）带头执行党的路线、方针、政策，自觉遵守国家法律法规和本单位的规章制度，努力完成生产、工作任务；

（2）在广泛听取会员意见和建议的基础上，向会员代表大会提出提案；

（3）参加会员代表大会，听取基层工会委员会和经费审查委员会的工作报告，讨论和审议代表大会的各项议题，提出审议意见和建议；

（4）对基层工会委员会及代表大会各专门委员会（小组）的工作进行评议，提出批评、建议；对基层工会主席、副主席进行民主评议和民主测评，提出奖惩和任免建议；

（5）保持与选举单位会员群众的密切联系，热心为会员说话办事，积极为做好工会各项工作献计献策；

（6）积极宣传贯彻会员代表大会的决议精神，对工会委员会落实会员代表大会决议情况进行监督检查，团结和带动会员群众完成会员代表大会提出的各项任务。

55.哪些情形下，基层工会会员代表大会会员代表身份自然终止？哪些情形下可以罢免？

有下列情形之一的，会员代表身份自然终止：

（1）在任期内工作岗位跨选举单位变动的；

（2）与用人单位解除、终止劳动（工作）关系的；

（3）停薪留职、长期病事假、内退、外派超过 1 年，不能履行会员代表职责的。

会员代表有下列情形之一的，可以罢免：

（1）不履行会员代表职责的；

（2）严重违反劳动纪律或单位规章制度，对单位利益造成严重损害的；

（3）被依法追究刑事责任的；

（4）其他需要罢免的情形。

选举单位工会或 1/3 以上会员或会员代表有权提出罢免会员代表。会员或会员代表联名提出罢免的，选举单位工会应及时召开会员代表大会进行表决。罢免会员代表，应经过选举单位全体会员过半数通过；由会员代表大会选举产生的代表，应经过会员代表大会应到会代表的过半数通过。

56.基层工会主席、副主席怎样产生？是否可以罢免基层工会主席、副主席、委员？

基层工会委员会由会员大会或会员代表大会选举产生。工会委员会

的主席、副主席，可以由会员大会或会员代表大会直接选举产生，也可以由工会委员会选举产生。

基层工会主席、副主席，具有下列情形之一的，可以罢免：

（1）连续两年测评等次为不满意的；

（2）任职期间个人有严重过失的；

（3）被依法追究刑事责任的；

（4）其他需要罢免的情形。

基层工会委员会委员具有上述（2）（3）（4）项情形的，可以罢免。

本届工会委员会、1/3 以上的会员或会员代表可以提议罢免主席、副主席和委员。罢免主席、副主席和委员的，应经同级党组织和上一级工会进行考察，未建立党组织的，由上一级工会考察。经考察，如确认其不能再担任现任职务时，应依法召开会员代表大会进行无记名投票表决，应参会人员过半数通过的，罢免有效，并报上一级工会批准。

57. 基层工会会员代表大会与职工代表大会有什么区别？

基层工会会员代表大会与职工代表大会的区别主要有以下几点。

（1）性质不同。职工代表大会是企事业单位实行民主管理的基本形式，是职工行使民主管理权力的机构。而基层工会会员代表大会是基层工会的最高领导机构。

（2）主要任务不同。职工代表大会主要讨论审议的是企事业单位的重大问题。而工会会员代表大会主要讨论审议的是工会内部的重大问题。

（3）职权不同。职工代表大会的职权主要是听取企事业单位关于企事业发展规划、年度生产经营管理情况，企事业改革和制定重要规章制度情况，企事业用工、劳动合同和集体合同签订履行情况，企事业安全生产情况，企事业缴纳社会保险费和住房公积金情况等报告，提出意见和建议；审议通过集体合同草案，按照国家有关规定提取的职工福利基金使用方案、住房公积金和社会保险费缴纳比例和时间的调整方案，劳动模范的推荐人选等重大事项；选举或者罢免职工董事、职工监事，选举依法进入破产程序企业的债权人会议和债权人委员会中的职工代表，根据授权推荐或者选举企事业经营管理人员；审查监督企事业执行劳动法律法规和劳动规章制度情况，民主评议企事业领导人员，并提出奖惩建议等。而工会代表大会的职权主要是审议和批准基层工会委员会的工作报告；审议和批准基层工会委员会经费收支预算决算情况报告、经费审查委员会工作报告；开展会员评家，评议基层工会开展工作、建设职工之家情况，评议基层工会主席、副主席履行职责情况；选举和补选基层工会委员会和经费审查委员会组成人员；选举和补选出席上一级工会代表大会的代表；罢免其所选举的代表、基层工会委员会组成人员等。

（4）代表构成不同。职工代表大会代表是从全体职工中选举产生的，而工会代表大会代表是从全体会员中选举产生的，非会员不能当选为工会代表大会代表。

会员代表大会与职工代表大会应分别召开，不得互相代替。如在同一时间段召开的，应分别设置会标、分别设定会议议程、分别行使职权、分别作出决议、分别建立档案。

58.基层工会委员会委员名额和常务委员名额如何确定？

基层工会委员会委员名额，按会员人数确定：

不足25人，设委员3至5人，也可以设主席或组织员1人；

25 人至 200 人，设委员 3 至 7 人；

201 人至 1000 人，设委员 7 至 15 人；

1001 人至 5000 人，设委员 15 至 21 人；

5001 人至 10000 人，设委员 21 至 29 人；

10001 人至 50000 人，设委员 29 至 37 人；

50001 人以上，设委员 37 至 45 人。

大型企事业单位基层工会委员会，经上一级工会批准，可以设常务委员会，常务委员会由 9 至 11 人组成。

59.基层工会委员会的基本任务是什么？

基层工会委员会的基本任务如下。

（1）执行会员大会或者会员代表大会的决议和上级工会的决定，主持基层工会的日常工作。

（2）代表和组织职工依照法律规定，通过职工代表大会、厂务公开和其他形式，参与本单位民主选举、民主协商、民主决策、民主管理和民主监督，保障职工知情权、参与权、表达权和监督权，在公司制企业落实职工董事、职工监事制度。企业、事业单位工会委员会是职工代表大会工作机构，负责职工代表大会的日常工作，检查、督促职工代表大会决议的执行。

（3）参与协调劳动关系和调解劳动争议，与企业、事业单位、社会组织行政方面建立协商制度，协商解决涉及职工切身利益问题。帮助和指导职工与企业、事业单位、社会组织行政方面签订和履行劳动合同，代表职工与企业、事业单位、社会组织行政方面签订集体合同或者其他专项协议，并监督执行。

（4）组织职工开展劳动和技能竞赛、合理化建议、技能培训、技术革新和技术协作等活动，培育工匠、高技能人才，总结推广先进经验。做好劳动模范和先进生产（工作）者的评选、表彰、培养和管理服务工作。

（5）加强对职工的政治引领和思想教育，开展法治宣传教育，重视人文关怀和心理疏导，鼓励支持职工学习文化科学技术和管理知识，开展健康的文化体育活动。推进企业文化职工文化建设，办好工会文化、教育、体育事业。

（6）监督有关法律、法规的贯彻执行。协助和督促行政方面做好工资、安全生产、职业病防治和社会保险等方面的工作，推动落实职工福利待遇。办好职工集体福利事业，改善职工生活，对困难职工开展帮扶。依法参与生产安全事故和职业病危害事故的调查处理。

（7）维护女职工的特殊利益，同歧视、虐待、摧残、迫害女职工的现象作斗争。

（8）搞好工会组织建设，健全民主制度和民主生活。建立和发展工会积极分子队伍。做好会员的发展、接收、教育和会籍管理工作。加强职工之家建设。

（9）收好、管好、用好工会经费，管理好工会资产和工会的企业、事业。

60.基层工会经费审查委员会的建立有什么规定？

凡建立一级工会财务管理的基层工会组织，应在选举基层工会委员会的同时，选举产生经费审查委员会。基层工会经费审查委员会委员名额一般3至11人。经费审查委员会设主任1人，可根据工作需要设副主任1人。基层工会的主席、分管财务和资产的副主席、财务和资产管理部门的人员，不得担任同级工会经费审查委员会委员。

基层工会经费审查委员会由会员大会或会员代表大会选举产生。主任、副主任可以由经费审查委员会全体会议选举产生，也可以由会员大会或会员代表大会选举产生。基层工会经费审查委员会的选举结果，与基层工会委员会选举结果同时报上一级工会批准。基层工会经费审查委员会的任期与基层工会委员会相同。

61.基层工会女职工委员会的建立有什么规定？

基层工会组织有女会员 10 人以上的建立女职工委员会，不足 10 人的设女职工委员。女职工委员会与基层工会委员会同时建立。基层工会女职工委员会委员由同级工会委员会提名，在充分协商的基础上产生，也可召开女职工大会或女职工代表大会选举产生。基层工会女职工委员会主任由同级工会女主席或女副主席担任，也可经民主协商，按照相应条件配备女职工委员会主任。女职工委员会主任应提名为同级工会委员会或常务委员会委员候选人。基层工会女职工委员会主任、副主任名单，与工会委员会选举结果同时报上一级工会批准。

62.乡镇（街道）工会的主要工作职责是什么？

乡镇（街道）工会组织应依据《工会法》和《中国工会章程》建立，不得随意撤销、合并，具备民法典规定的法人条件的，依法取得社会团体法人资格。乡镇（街道）工会组织形式有工会委员会、工会联合会和总工会。

根据 2019 年 12 月 27 日全国总工会办公厅发布的《关于加强乡镇（街道）工会建设的若干意见》的规定，乡镇（街道）工会在同级党（工）委和上级工会领导下，依据《工会法》和《中国工会章程》独立自主地开展工作。主要工作职责是：积极推动企事业单位依法建立工会组织，广泛吸收职工入会；加强职工思想政治引领；深化劳动和技能竞赛；维护职工合法权益，指导开展集体协商、签订集体合同，健全以职工代表大会为基本形式的企事业单位民主管理制度，健全协调劳动关系机制；推动落实职工福利待遇，开展困难职工帮扶，建设职工信赖的"职工之家"。

63.区域性、行业性工会联合会的主要职责任务是什么？

根据全国总工会《关于加强和规范区域性、行业性工会联合会建设的意见》的规定，区域性、行业性工会联合会的主要职责任务有以下几个方面。

（1）加强对职工的思想政治引领，承担团结引导职工群众听党话、跟党走的政治责任，推动习近平新时代中国特色社会主义思想进社区、进企业、进车间，深化理想信念教育，教育职工践行社会主义核心价值观，恪守社会公德、职业道德、家庭美德、个人品德，遵守劳动纪律。

（2）在同级党组织和上级工会的领导下，推动和指导区域、行业内基层单位的工会组建、发展会员等工作，夯实工会基层基础。承担本区域、行业职工代表大会工作机构的职责。

（3）大力弘扬劳模精神、劳动精神、工匠精神，组织开展具有区域特点、行业特色的劳动和技能竞赛、经济技术创新等活动，建设知识型、技能型、创新型的高素质职工队伍。

（4）代表和组织职工依照法律规定，通过职工代表大会或其他形式参与本区域、行业民主管理和民主监督。调查研究和反映本区域、行业中涉及职工切身利益的重大问题。

（5）参与制订本区域、本行业涉及劳动和职工权益的政策、标准等。积极推进区域、行业集体协商，推动建立区域、行业集体合同制度。

（6）参与协调劳动关系和调解劳动争议，协商解决涉及职工切身利益问题，为所覆盖区域、行业的基层工会和职工提供法律服务和法律援助。

（7）突出行业特色、区域特点、职工需求，强化服务意识、健全服务体系、建立服务机制，精准化、精细化开展服务工作。

64.工会小组的主要任务有哪些？

《中国工会章程》第30条第2、3款规定，基层工会委员会和分厂、车间（科室）工会委员会，可以根据需要设若干专门委员会或者专门小组。按照生产（行政）班组建立工会小组，民主选举工会小组长，积极开展工会小组活动。工会小组是工会最小的单位，是工会密切联系群众的关键环节，工会工作任务的落实，最终要通过工会小组和工会会员来实现。因此，工会小组是基层工会开展各项活动的基础。工会小组的主要工作任务有以下几点：

（1）开展全组会员的思想交流和谈心活动，了解会员的意愿和要求，反映群众的呼声；

（2）组织职工积极参加企业民主管理活动，选好职工代表，向职工代表大会提出提案，贯彻落实职工代表大会决议，发挥小组民主管理的作用；

（3）组织小组生活互助互济活动，帮助家庭困难职工解决困难；

（4）组织小组职工参加政治、文化、技术学习，参加基层工会组织的文艺、体育等各项活动；

（5）开展建设"职工小家"活动。

65.对工会干部的基本要求是什么？

根据《中国工会章程》规定，工会干部要努力做到以下方面。

（1）认真学习马克思列宁主义、毛泽东思想、邓小平理论、"三个代表"重要思想、科学发展观、习近平新时代中国特色社会主义思想，学习党的基本知识和党的历史，学习政治、经济、历史、文化、法律、科技和工会业务等知识，提高政治能力、思维能力、实践能力，增强推动高质量发展本领、服务群众本领、防范化解风险本领。

（2）执行党的基本路线和各项方针政策，遵守国家法律、法规，在改革开放和社会主义现代化建设中勇于开拓创新。

（3）信念坚定，忠于职守，勤奋工作，敢于担当，廉洁奉公，顾全大局，维护团结。

（4）坚持实事求是，认真调查研究，如实反映职工的意见、愿望和要求。

（5）坚持原则，不谋私利，热心为职工说话办事，依法维护职工的合法权益。

（6）作风民主，联系群众，增强群众意识和群众感情，自觉接受职工群众的批评和监督。

66.企业工会主席应当具备哪些条件？有哪些职权？

《企业工会工作条例》规定，工会主席应当具备下列条件：

（1）政治立场坚定，热爱工会工作；

（2）具有与履行职责相应的文化程度、法律法规和生产经营管理知识；

（3）作风民主，密切联系群众，热心为会员和职工服务；

（4）有较强的协调劳动关系和组织活动能力。

根据《企业工会工作条例》规定，企业工会主席的职权如下：

（1）负责召集工会委员会会议，主持工会日常工作；

（2）参加企业涉及职工切身利益和有关生产经营重大问题的会议，反映职工的意愿和要求，提出工会的意见；

（3）以职工方首席代表的身份，代表和组织职工与企业进行平等协商、签订集体合同；

（4）代表和组织职工参与企业民主管理；

（5）代表和组织职工依法监督企业执行劳动安全卫生等法律法规，要求纠正侵犯职工和工会合法权益的行为；

（6）担任劳动争议调解委员会主任，主持企业劳动争议调解委员会的工作；

（7）向上级工会报告重要信息；

（8）负责管理工会资产和经费。

67.开展建设职工之家活动的目标和基本要求是什么?

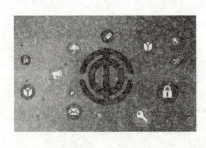

1983 年 3 月 14 日，中央书记处在听取全总党组工会工作汇报时明确指出，工会一定要从自己是党领导下的群众组织这个特点出发开展工作，工会组织和工会干部要真正成为"职工之家""工人之友"。为贯彻落实党中央的重要指示精神，1984 年 5 月 1 日，中华全国总工会作出《关于整顿工会基层组织、开展建设职工之家活动决定》，提出了建设"职工之家"的 6 条标准，拉开了在全国基层工

会组织普遍开展建设"职工之家"活动的序幕。30多年来，建家活动经历了组织整顿、深入推进、提高水平、创新发展4个阶段。

新时代深入开展建家活动的目标是：适应工会依法履行维护职工合法权益、竭诚服务职工群众基本职责的要求，着力加强调整劳动关系机制建设，突出抓好为职工群众办实事，大力推进基层工会的群众化、民主化、法治化，努力把基层工会建设成为组织健全、维权到位、工作规范、作用明显、职工信赖的"职工之家"。

建设职工之家的基本要求如下：

（1）健全组织体系；

（2）促进科学发展；

（3）履行维权职责；

（4）提高职工素质；

（5）服务职工群众；

（6）加强自身建设。

"职工之家"分别设有"合格职工之家""先进职工之家"和"模范职工之家"3种荣誉称号。

68.建设"职工小家"基本要求是什么？

车间（科室）、班组开展建设"职工小家"活动的基本要求如下：

（1）加强工会分会、工会小组建设，由会员直接选举工会分会负责人和工会小组长，建立一支热心为职工群众服务的积极分子队伍；

（2）建立健全班组民主管理、民主参与、民主监督制度，定期召开民主管理会议，坚持各项公开制度，积极反映职工群众的意愿和要求；

（3）发扬团结友爱和集体主义精神，搞好互助互济，帮助职工解决实际困难；

（4）组织职工进行政治业务学习，不断提高思想觉悟和职业技能，开展群众性经济创新活动，努力完成生产工作任务；

（5）严格监督执行各项安全生产、劳动保护制度，不断改善职工生产工作环境，做好女职工特殊权益保护工作；

（6）加强"职工小家"阵地建设，因地制宜，开展形式多样、丰富多彩的文体活动，满足职工的精神文化需求。

69.建设"职工小家"的基本内容是什么？

建设"职工小家"的基本内容主要有以下几个方面。

（1）建立民主管理制度。要建立健全以工会小组长和民主管理员进行考核的班组民主管理机构和民主管理等制度，坚持各项制度公开，使奖金分配权、民主评议权、重大问题审议权等落实到车间（科室）和班组。通过建设"职工小家"，使职工直接参与民主管理，培养职工热爱企业、关心企业的良好氛围。

（2）加强思想工作和生活互助。建设"职工小家"要体现群众性的特点，充分发挥工会小组中党员、团员和党小组长、班组长、工会小组长的作用，促进职工群众间的相互影响、相互启发和相互学习。

（3）建设优美的生产生活环境。"职工小家"是职工群众的"第二家庭"，是职工工作、学习、活动的场所，要通过会员自己动手，自力更生，改善环境，改善生产、工作和休息条件，营造舒适、整洁、温暖、优美的环境，增强"职工小家"的吸引力。

70.开展"双爱双评"活动的基本内容是什么？

"双爱双评"活动即"企业爱职工，职工爱企业；评爱企业的优秀职工，评爱职工的优秀经理（厂长）"。"双爱双评"活动的基本内容包括以下方面：

（1）企业职工依法建立工会组织，工会组织健全，领导班子得力，建立了各项工作制度和民主制度，工会工作富有成效并得到职工群众的拥护；

（2）《劳动法》《工会法》赋予职工的各项权利得到有效的落实，建立以职代会为基本形式与企业实际相适应的职工民主管理、厂务公开制度，企业实行了劳动合同制度，并建立了稳定协调的劳动关系；

（3）依据《劳动法》《工会法》的规定，工会主席依法参加或列席董事会，企业建立了平等协商、集体合同制度，建立了劳动争议调解委员会并发挥作用。企业依法拨缴工会经费，支持工会工作的开展；

（4）职工关心企业生产经营，认真做好本职工作，积极参加劳动竞赛、合理化建议和技术革新等经济技术创新活动；

（5）企业关心职工生活，注意安全生产。随着企业的发展，职工生活条件、劳动条件、作业环境不断得到改善。

71.中国工会会徽象征着什么？可以在什么范围使用？

中国工会会徽，选用汉字"中""工"两字，经艺术造型呈圆形重叠组成，并在两字外加一圆线，象征中国工会和中国工人阶级的团结统一。中国工会会徽是中国工会的象征和标志。工会各级组织和每一名

会员，应当尊重和爱护会徽。

中国工会会徽，可在工会办公地点、活动场所、会议会场悬挂，可作为纪念品、办公用品上的工会标志，也可以作为徽章佩戴。

中国工会会徽及其图案不得用于或者变相用于商标、商业广告、商业活动等场合。

县级以上工会组织对所在地区、所辖范围内工会会徽使用情况进行监督检查，对不符合本规定的情况及时纠正。

72.为什么要实行职工民主管理？

职工民主管理是指企事业单位职工依照有关法律法规和政策规定，参与企事业单位决策、管理和监督的活动。

职工民主管理是社会主义民主的重要组成部分。实行职工民主管理的重要意义如下：

（1）职工民主管理是贯彻全心全意依靠工人阶级指导方针的根本途径；

（2）职工民主管理是构建社会主义和谐社会的基本要求；

（3）职工民主管理是践行"以人为本"理念的具体体现；

（4）职工民主管理是维护职工权益的有效途径；

（5）职工民主管理是企事业单位发展的重要保障；

（6）职工民主管理是预防腐败的有效手段。

73.为什么职工代表大会是职工民主管理的基本形式？

《工会法》第36条第1款规定："国有企业职工代表大会是企业实行民主管理的基本形式，是职工行使民主管理权力的机构，依照法律规定行使职权。"职工民主管理的形式有很多，如职工代表大会、厂务公开、职工董事与职工监事制度、平等协商与集体合同制度、合理化建议活动、职工持股会、民主对话会、民主信箱、民主接待日等。《工会法》之所以规定职工代表大会是职工民主管理的基本形式，主要是因为职工代表大会具有以下特点。

（1）职工代表大会具有广泛的代表性和充分的民主性。职工代表大会由职工代表组成，而职工代表又是按一定的民主程序和一定的比例由职工直接选举产生。他们来自各个部门，几乎包括了企事业各个方面，既代表职工的意志，又受其监督。另外，职工代表大会议案的提出和决议的作出都要经过一定的民主程序，这样，就保证了职工代表大会的代表性和民主性。

（2）职工代表大会具有法律依据和权威性。我国《宪法》明确规定："国有企业依照法律规定，通过职工代表大会和其他形式，实行民主管理。"《工会法》《劳动法》《中华人民共和国公司法》（以下简称《公司法》）《劳动合同法》等法律法规都规定了企事业单位要通过职工代表大会等形式，实行民主管理和参与管理的内容。这些规定为全面建立和健全职工代表大会制度提供了法律保障。

（3）职工代表大会具有严密的组织制度。职工代表大会有多级民主管理网络，有职工代表大会团（组）长和专门小组负责人联席会议制度，有各种专门工作小组，有自己的工作机构和活动制度，这种组织上的系统化和工作的经常化、制度化、程序化，是其他民主管理形式不可比拟的。

（4）职工代表大会制度是我国企业民主管理长期实践的活动结晶。企事业实行职工代表大会制度，符合我国目前生产力发展水平、管理水平和群众习惯的要求，长期实践证明，它比其他职工民主管理形式更加切实可行。

74.职工代表大会的性质是什么？有哪些职权？

职工代表大会是企事业实行职工民主管理的基本形式，是职工行使民主管理权力的机构。

按照《企业民主管理规定》，企业职工代表大会行使下列职权。

（1）听取企业主要负责人关于企业发展规划、年度生产经营管理情况，企业改革和制订重要规章制度情况，企业用工、劳动合同和集体合同签订履行情况，企业安全生产情况，企业缴纳社会保险费和住房公积金情况等报告，提出意见和建议。

审议企业制订、修改或者决定的有关劳动报酬、工作时间、休息休假、劳动安全卫生、保险福利、职工培训、劳动纪律以及劳动定额管理等直接涉及劳动者切身利益的规章制度或者重大事项方案，提出意见和建议。

（2）审议通过集体合同草案，按照国家有关规定提取的职工福利基金使用方案、住房公积金和社会保险费缴纳比例和时间的调整方案，劳动模范的推荐人选等重大事项。

（3）选举或者罢免职工董事、职工监事，选举依法进入破产程序企业的债权人会议和债权人委员会中的职工代表，根据授权推荐或者选举企业经营管理人员。

（4）审查监督企业执行劳动法律法规和劳动规章制度情况，民主评议企业领导人员，并提出奖惩建议。

（5）法律法规规定的其他职权。

国有企业和国有控股企业职工代表大会除行使上述职权外，还行使下列职权。

（1）听取和审议企业经营管理主要负责人关于企业投资和重大技

术改造、财务预决算、企业业务招待费使用等情况的报告，专业技术职称的评聘、企业公积金的使用、企业的改制等方案，并提出意见和建议。

（2）审议通过企业合并、分立、改制、解散、破产实施方案中职工的裁减、分流和安置方案。

（3）依照法律、行政法规、行政规章规定的其他职权。

75.区域（行业）职工代表大会的职责是什么？

区域（行业）职工代表大会，是县级以下一定区域或性质相近的行业内若干尚不具备单独建立职工代表大会制度条件的中小企业，通过民主选举代表联合召开会议，组织职工参与企业管理，行使民主管理权利，协调解决区域（行业）内劳动关系共性问题的民主管理制度。区域（行业）职工代表大会是本区域（行业）内职工参与民主管理的基本形式，也是区域（行业）实行政务公开、厂务公开的有效渠道。

根据《中华全国总工会关于推行区域（行业）职工代表大会制度的意见（试行）》规定，区域（行业）职工代表大会的主要职责如下：

（1）听取区域（行业）执行国家有关劳动法规政策情况报告，区域（行业）劳动关系状况报告，并提出意见和建议；

（2）讨论区域（行业）内企业有关劳动报酬、工作时间、休息休假、劳动安全卫生、保险福利、职工培训、劳动纪律以及劳动定额管理等直接涉及职工切身利益的重大问题，提出意见和建议；

（3）讨论通过区域（行业）集体合同草案和专项集体合同草案；

（4）审议监督区域（行业）内企业执行劳动法律法规和区域（行业）职工代表大会决定事项情况，签订和履行劳动合同、集体合同情况，缴纳社会保险费情况，实行厂务公开情况等；

（5）审议决定区域（行业）职工代表大会的其他事项。

76.职工代表的条件是什么？人数、比例是怎样规定的？

职工代表的条件包括基本条件和素质条件。基本条件：按照法律规定享有政治权利、与用人单位建立劳动关系的职工均可当选为职工代表。素质条件：职工代表应当有一定的政治觉悟和政策水平；有一定的文化水平、业务技术知识和管理能力；能顾全大局，做好本职工作，有较强的责任感和使命感；关心集体、遵章守纪，办事公道，为人正派，密切联系群众，在群众中有一定的威信。

职工代表的人数，根据《企业民主管理规定》的规定，企业召开职工代表大会的，职工代表人数按照不少于全体职工人数的 5% 确定（大型企事业单位的比例还可以小一些），最少不少于 30 人。职工代表人数超过 100 人的，超出的代表人数可以由企业与工会协商确定。

职工代表的比例，是指职工代表中各类人员所占的比例。为了保证职工代表有广泛的代表性，职工代表中应有工人、技术人员、管理人员、领导干部和其他方面职工。一线职工代表一般不少于职工代表总数的 50%。企业中层以上管理人员和领导人员一般不得超过职工代表总人数的 20%。有女职工和劳务派遣职工的企业，职工代表中应当有适当比例的女职工和劳务派遣职工代表。

77.选举职工代表的基本程序有哪些？

职工代表实行常任制，可连选连任。每届职工代表，应按规定程序进行选举。职工代表选举的基本程序如下。

（1）制订选举方案。企事业单位工会应根据职工人数和行政机构设置状况，确定职工代表总数及名额分配方案，并根据单位实际情况按车间、处室或班组划分选举单位，制订具体的选举办法。职工代表选举方案应报同级党委审查。

（2）进行宣传发动。企事业单位工会要通过各种途径和形式，如广播、报纸、电视、板报、网络等，广泛宣传职工代表大会的性质、意义、任务、职权以及职工代表的条件、权利、义务等，提高广大职工群众的认知程度。

（3）推荐职工代表候选人。在宣传发动的基础上，工会组织职工按选区（单位）、名额、比例，充分发扬民主，推荐职工代表候选人。

（4）选举职工代表。各选区按照分配的代表名额，直接选举产生职工代表。参加选举的职工人数须超过所在选区职工总数的2/3以上，候选人须获得选区职工半数以上选票方能当选。大型企事业或集团，可以在分厂（分校、分院）或车间职工代表大会的职工代表中推选产生企事业单位职工代表大会的职工代表。企事业单位党政工团主要负责人也应分到各选区，以普通职工的身份参加选举。职工代表的选举方法一般是采用差额选举和直接选举相结合的选举方法。职工代表的选举方式一般是采取无记名投票方式。

（5）资格审查。由职工代表资格审查委员会（小组）对选出的职工代表进行资格审查。

（6）组成各代表团（组）。职工代表选出后，应按选举单位的行政隶属关系，组成代表团（组），选举产生代表团（组）长。

78.职工代表有哪些权利和义务？

职工代表享有下列权利：

（1）选举权、被选举权和表决权；

（2）参加职工代表大会及其工作机构组织的民主管理活动；

（3）对企业领导人员进行评议和质询；

（4）在职工代表大会闭会期间对企业执行职工代表大会决议情况进行监督、检查。

职工代表应当履行下列义务：

（1）遵守法律法规、企业规章制度，提高自身素质，积极参与企业民主管理；

（2）依法履行职工代表职责，听取职工对企业生产经营管理等方面的意见和建议，以及涉及职工切身利益问题的意见和要求，并客观真实地向企业反映；

（3）参加企业职工代表大会组织的各项活动，执行职工代表大会通过的决议，完成职工代表大会交办的工作；

（4）向选举单位的职工报告参加职工代表大会活动和履行职责情况，接受职工的评议和监督；

（5）保守企业的商业秘密和与知识产权相关的保密事项。

79.职工代表应当就哪些方面内容提出提案？提案应采用什么形式？

职工代表大会提案是提请职工代表大会讨论、决定、处理的方案和建议。职工代表应当围绕本单位的生产经营管理、改革改制、内部分配、规章制度、劳动保护、生活福利、文化建设、职工教育和民主管理等方面提出建议和意见。

提案的形式：应采用书面形式。包括以下方面。

（1）案由（或命题）——提案的题目，用简明的文字说明提案要求解决的问题，案由和提案内容要一致。

（2）提案者——提出提案的代表姓名或单位名称。并写上通信地址、电话号码。联名提案时，发起人应当作为第一提案人。

（3）案由分析——提出提案的理由、原因或根据。它是提案的核心部分，要有情况、有分析、实事求是，简明扼要，切忌笼统、空泛、失实。

（4）建议、办法和要求——针对案由反映的问题，提出自己对解决问题的主张和办法。

（5）一事一案——一件提案只能写一件事，一事一案。

80.职工代表大会会议制度的主要规定是什么？

根据《企业民主管理规定》及有关规定，职工代表大会会议制度的主要规定包括以下内容。

（1）职工代表大会每年至少召开1次，每次会议必须有2/3以上的职工代表出席。

（2）职工代表大会每届任期为3年或者5年。具体任期由职工代表大会根据本单位的实际情况确定。

职工代表大会因故需要提前或者延期换届的，应当由职工代表大会或者其授权的机构决定。

（3）职工代表大会议题和议案应当由企业工会听取职工意见后与企业协商确定，并在会议召开7日前以书面形式送达职工代表。

（4）职工代表大会选举和表决相关事项，必须按照少数服从多数的原则，经全体职工代表的过半数通过。对重要事项的表决，应当采用无记名投票的方式分项表决。

（5）职工代表大会在其职权范围内依法审议通过的决议和事项具

有约束力，非经职工代表大会同意不得变更或撤销。企业应当提请职工代表大会审议、通过、决定的事项，未按照法定程序审议、通过或者决定的无效。

81.企业工会委员会主要履行哪些职责？

企业工会委员会是职工代表大会的工作机构，负责职工代表大会的日常工作，履行下列职责：

（1）提出职工代表大会代表选举方案，组织职工选举职工代表和代表团（组）长；

（2）征集职工代表提案，提出职工代表大会议题的建议；

（3）负责职工代表大会会议的筹备和组织工作，提出职工代表大会的议程建议；

（4）提出职工代表大会主席团组成方案和组成人员建议名单；提出专门委员会（小组）的设立方案和组成人员建议名单；

（5）向职工代表大会报告职工代表大会决议的执行情况和职工代表大会提案的办理情况、厂务公开的实行情况等；

（6）在职工代表大会闭会期间，负责组织专门委员会（小组）和职工代表就企业职工代表大会决议的执行情况和职工代表大会提案的办理情况、厂务公开的实行情况等，开展巡视、检查、质询等监督活动；

（7）受理职工代表的申诉和建议，维护职工代表的合法权益；

（8）向职工进行民主管理的宣传教育，组织职工代表开展学习和培训，提高职工代表素质；

（9）建立和管理职工代表大会工作档案。

82.厂务公开的主要内容有哪些?

厂务公开就是企事业单位依照有关法律法规规定,对本单位发展和广大职工切身利益密切相关的问题,通过适当的形式向广大职工公开,吸收广大职工参与决策、管理和监督的民主管理制度。

企业应当向职工公开下列事项:

(1)经营管理的基本情况;

(2)招用职工及签订劳动合同的情况;

(3)集体合同文本和劳动规章制度的内容;

(4)奖励处罚职工、单方解除劳动合同的情况以及裁员的方案和结果,评选劳动模范和优秀职工的条件、名额和结果;

(5)劳动安全卫生标准、安全事故发生情况及处理结果;

(6)社会保险以及企业年金的缴费情况;

(7)职工教育经费提取、使用和职工培训计划及执行的情况;

(8)劳动争议及处理结果情况;

(9)法律法规规定的其他事项。

国有企业、集体企业及其控股企业除公开上述相关事项外,还应当公开下列事项:

(1)投资和生产经营管理重大决策方案等重大事项,企业中长期发展规划;

(2)年度生产经营目标及完成情况,企业担保,大额资金使用、大额资产处置情况,工程建设项目的招投标,大宗物资采购供应,产品销售和盈亏情况,承包租赁合同履行情况,内部经济责任制落实情况,重要规章制度制定等重大事项;

(3)职工提薪晋级、工资奖金收入分配情况;专业技术职称的评

聘情况;

(4)中层领导人员、重要岗位人员的选聘和任用情况,企业领导人员薪酬、职务消费和兼职情况,以及出国出境费用支出等廉洁自律规定执行情况,职工代表大会民主评议企业领导人员的结果;

(5)依照国家有关规定应当公开的其他事项。

83.厂务公开的实现形式有哪些?

厂务公开的主要载体是职工代表大会。要按照有关规定,认真落实职代会的各项职权。在职代会闭会期间,要发挥职工代表团(组)长联席会议的作用。除此之外,厂务公开还包括以下形式。

一是专用的公开形式。专门用于公开厂务的厂务公开栏、厂情发布会、厂务公开网络,以及为公开某些事项而召开的各种会议,等等。

二是职工参与企业管理的制度化公开形式。职工董事、职工监事参加董事会、监事会制度,工会参加党委和企业行政有关会议制度,以及党政工联席会制度等,这些既是职工参与企业管理的重要制度,也是职工了解企业经营管理情况的有效渠道。

三是市场经济的运行规则要求的特有公开形式。主要是指物资采购供应和基建项目的招投标,人才公开招聘、选任,上市公司依照有关规定公开披露财务报表等。

四是新闻媒体的公开形式。包括企业的广播、电视、厂报、墙报等。

在厂务公开后,应注意通过意见箱、接待日、职工座谈会、举报电话等民主形式,及时了解职工的反映,将厂务公开的监督结果也进行公开,使厂务公开贯穿于企业经营管理活动的全过程。

84.《公司法》关于职工董事、职工监事是怎样规定的?

职工董事、职工监事制度,是依照法律规定,通过职工代表大会(或职工大会)民主选举一定数量的职工代表,进入董事会、监事会,代表职工行使参与企业决策权利、发挥监督作用的制度。

《公司法》第44条第2款规定,两个以上的国有企业或者两个以上的其他国有投资主体投资设立的有限责任公司,其董事会成员中应当有公司职工代表;其他有限责任公司董事会成员中可以有公司职工代表。董事会中的职工代表由公司职工通过职工代表大会、职工大会或者其他形式民主选举产生。

《公司法》第67条规定,国有独资公司设董事会,依照本法第46条、第66条的规定行使职权。董事每届任期不得超过3年。董事会成员中应当有公司职工代表。董事会成员由国有资产监督管理机构委派;但是,董事会成员中的职工代表由公司职工代表大会选举产生。

《公司法》第108条规定,股份有限公司设董事会,其成员为5人至19人。董事会成员中可以有公司职工代表。董事会中的职工代表由公司职工通过职工代表大会、职工大会或者其他形式民主选举产生。

《公司法》第51条第2款规定,监事会应当包括股东代表和适当比例的公司职工代表,其中职工代表的比例不得低于1/3,具体比例由公司章程规定。监事会中的职工代表由公司职工通过职工代表大会、职工大会或者其他形式民主选举产生。

《公司法》第70条规定,国有独资公司监事会成员不得少于5人,其中职工代表的比例不得低于1/3,具体比例由公司章程规定。

监事会成员由国有资产监督管理机构委派;但是,监事会成员中的职工代表由公司职工代表大会(职工大会)选举产生。

《公司法》第 117 条规定，股份有限公司设监事会，其成员不得少于 3 人。监事会应当包括股东代表和适当比例的公司职工代表，其中职工代表的比例不得低于 1/3，具体比例由公司章程规定。监事会中的职工代表由公司职工通过职工代表大会、职工大会或者其他形式民主选举产生。

85.职工董事、职工监事有哪些职权？

职工董事依法行使下列职权：参加董事会会议，行使董事的发言权和表决权；在董事会研究决定公司重大问题时充分发表意见，确定公司高级管理人员的聘任、解聘时，如实反映职代会民主评议高级管理人员情况；对涉及职工合法权益或大多数职工切身利益的董事会议案、方案提出意见和建议；就涉及职工切身利益的规章制度或者重大事项，提出董事会议题，依法提请召开董事会会议，反映职工合理要求，维护职工合法权益；列席与其职责相关的公司行政办公会议和有关生产经营工作的重要会议；要求公司工会、公司有关部门通报相关情况，提供相关资料；向公司工会、上级工会或有关部门如实反映情况；法律法规、规章制度和公司章程规定的其他权利。

职工监事依法行使下列职权：参加监事会会议，行使监事的发言权和表决权；参与监督检查公司对涉及职工切身利益的法律法规、规章制度和公司章程的贯彻执行情况；监督检查公司职工工资、劳动保护、社会保险、福利及劳动合同、集体合同等制度规定的落实情况；听取和监督公司的经营管理情况；参与对公司的财务检查和对公司董事会、经理层人员履行职责的监督；就涉及职工切身利益的规章制度或者重大事项，提出监事会议题，提议召开监事会会议；列席董事会会议，可对董事会决议事项提出质询或者建议；列席与其职责相关的公司行政办公会议和有关生产经营工作的重要会议；要求公司工会、公司有关部门通报相关情况，提供相关资料；向公司工会、上级工会或有关部门如实反映情况；法律法规、规章制度和公司章程规定的其他权利。

86.职工董事、职工监事应当履行哪些义务？

职工董事、职工监事应当履行以下义务：认真学习党的理论和路线方针政策，学习国家法律法规，积极参加相关培训，提高自身思想政治素质和相关业务素质；遵守法律法规和公司章程及各项规章制度，执行股东会、董事会、监事会的决议，保守公司秘密，认真履行职责；及时了解企业管理和发展状况，经常深入职工群众广泛听取意见和建议，在董事会、监事会上真实准确、全面充分地反映职工的合理诉求；执行职代会的决议，在董事会、监事会会议上，按照职代会的相关决议或在充分考虑职代会决议和意见的基础上发表意见，行使表决权；建立履职档案，对履行职责情况进行书面记录并妥善保存；每年至少1次向公司职代会报告工作，接受监督、质询、民主评议；法律法规和公司章程规定的其他义务。

87.平等协商和签订集体合同应当遵守哪些原则？

平等协商是指工会代表职工与用人单位就涉及职工合法权益等事项依据法律规定而进行平等商谈的行为。平等协商是集体合同订立的法定程序之一，通常采用协商会议形式。集体合同是指工会代表职工与用人单位根据法律、法规、规章的规定，就劳动报酬、工作时间、休息休假、劳动安全卫生、职业培训、保险福利等事项，通过平等协商签订的书面协议。集体合同一般又分为综合集体合同和专项集体合同。

平等协商、签订集体合同应当遵守以下原则。

（1）合法原则。

平等协商和签订集体合同双方主体的资格、程序、内容、形式等必须符合《劳动法》和其他有关法律、法规的规定。

（2）平等合作和协商一致的原则。

参与协商的工会组织与用人单位不存在隶属关系，双方法律地位是平等的。任何一方不能倚仗权势，通过胁迫手段把自己的意志强加给对方，订立不平等合同。双方要本着合作的态度，力求协商一致解决问题。

（3）权利与义务相结合的原则。

《劳动法》虽然是以保障劳动者权益为宗旨的，但这种权利是与义务相结合的。因此，参加平等协商的双方既享有权利又承担义务。

（4）兼顾各方利益的原则。

工会在代表职工同用人单位进行协商谈判时，既要维护职工的合法利益，又要从用人单位实际出发，把改善职工劳动、生活条件与本单位的发展结合起来。

（5）维护正常生产、工作秩序的原则。

在平等协商的过程中，双方应保持良好的合作态度。当意见僵持难以形成统一时，可暂时休会。休会期间必须保证生产经营的正常秩序。

88.集体协商代表如何产生？

协商代表是指按照法定程序产生并有权代表本方利益进行平等协商的人员。

协商代表每方为 3~10 人，双方协商代表人数应当对等。协商双方各确定一名首席代表。

职工一方的协商代表由本单位工会选派。未建立工会的，由本单位职工民主推荐，并经本单位半数以上职工同意。职工一方的首席代表由本单位工会主席担任。工会主席可以书面委托其他协商代表代理首席代表。工会主席空缺的，首席代表由工会主要负责人担任。未建立工会的，职工一方的首席代表从协商代表中民主推举产生。

用人单位一方的协商代表，由用人单位法定代表人指派，首席代表由单位法定代表人担任或由其书面委托的其他管理人员担任。

双方首席代表可以书面委托专家、学者、律师等专业人员作为本方的协商代表，但委托人数不得超过本方代表的1/3。

用人单位协商代表与职工协商代表不得兼任。

89.集体协商代表的职责是什么？

集体协商代表的职责主要有以下几点。

（1）参加平等协商。

（2）接受本方人员质询，及时向本方人员公布协商情况并征求意见。

（3）提供与平等协商有关的情况和资料。

（4）代表本方参加平等协商争议处理。

（5）监督集体合同或专项集体合同的履行。

（6）保守在平等协商过程中知悉的用人单位的商业秘密以及协商过程中个人意见。

（7）维护本单位正常的生产、工作秩序。

（8）法律、法规和规章规定的其他职责。

90.集体协商代表有哪些权利和义务？

集体协商代表享有以下权利。

（1）企业内部的协商代表参加集体协商视为提供了正常劳动。

（2）职工一方协商代表在其履行协商代表职责期间劳动合同期满的，劳动合同期限自动延长至完成履行协商代表职责之时，除出现法定情形的，用人单位不得与其解除劳动合同。

（3）职工一方协商代表履行协商代表职责期间，用人单位无正当理由不得调整其工作岗位。

集体协商代表应当履行以下义务。

（1）维护本单位正常的生产、工作秩序，不得采取威胁、收买、欺骗等行为。

（2）应当保守在集体协商过程中知悉的用人单位的商业秘密。

91.如何加强对职工协商代表的保护？

企业应当保证职工协商代表履行职责必要的工作时间，其工资和其他待遇不受影响。职工协商代表在本人劳动合同期限内，除严重违反劳动纪律、企业规章制度和严重失职、营私舞弊、给企业利益造成重大损害以及被追究刑事责任外，企业不得与其解除劳动合同。职工协商代表在任期内，劳动合同期满的，企业原则上应当与其续签劳动合同至任期届满。职工代表的任期与当期集体合同的期限相同。企业不当变更或解除职工协商代表劳动合同的，劳动保障部门应当责令限期改正。

92.集体合同主要包括哪些内容?

根据《集体合同规定》,集体合同的主要内容包括以下方面。

(1)劳动报酬。主要包括:用人单位工资水平、工资分配制度、工资标准和工资分配形式;工资支付办法;加班加点工资及津贴、补贴标准和奖金分配办法;工资调整办法;试用期及病、事假等期间的工资待遇;特殊情况下职工工资(生活费)支付办法;其他劳动报酬分配办法。

(2)工作时间。主要包括:工时制度;加班加点办法;特殊工种的工作时间;劳动定额标准。

(3)休息休假。主要包括:日休息时间、周休息日安排、年休假办法;不能实行标准工时职工的休息休假;其他假期。

(4)劳动安全与卫生。主要包括:劳动安全卫生责任制;劳动条件和安全技术措施;安全操作规程;劳保用品发放标准;定期健康检查和职业健康体检。

(5)补充保险和福利。主要包括:补充保险的种类、范围;基本福利制度和福利设施;医疗期延长及其待遇;职工亲属福利制度。

(6)女职工和未成年工特殊保护。主要包括:女职工和未成年工禁忌从事的劳动;女职工的经期、孕期、产期、哺乳期及更年期的劳动保护;女职工、未成年工定期健康检查;未成年工的使用和登记制度。

(7)职业技能培训。主要包括:职业技能培训项目规划及年度计划;职业技能培训费用的提取和使用;保障和改善职业技能培训的措施。

(8)劳动合同管理。主要包括:劳动合同签订时间;确定劳动合同期限的条件;劳动合同变更、解除、续订的一般原则及无固定期限劳动合同的终止条件;试用期的条件和期限。

（9）奖惩。主要包括：劳动纪律；考核奖惩制度；奖惩程序。

（10）裁员。主要包括：裁员的方案；裁员的程序；裁员的实施办法和补偿标准。

（11）集体合同期限。集体合同期限一般为 1 至 3 年。

（12）变更、解除集体合同的程序。

（13）履行集体合同发生争议时的协商处理办法。

（14）违反集体合同的责任。

（15）双方认为应当协商的其他内容。

93.工资集体协商的主要内容有哪些？

工资集体协商是指职工代表与用人单位代表依法就企业内部工资分配制度、工资分配形式、工资支付办法、工资标准等事项进行平等协商，在协商一致的基础上签订工资协议的行为。工资集体协商是实现劳动关系双方共同参与、共同决定劳动者工资的一种收入分配方式，是工资正常增长机制和支付保障机制中的重要组成部分，是在市场经济条件下调整劳动关系的重要机制。

工资集体协商主要内容包括：用人单位的工资水平、工资分配制度、工资标准和工资分配形式；工资支付办法；加班、加点工资及津贴、补贴标准和奖金分配办法；工资调整办法；试用期及病、事假的工资待遇；特殊情况下的职工工资（生活费）支付办法；其他劳动报酬分配办法。

94.集体协商的基本程序有哪些？

集体协商程序，是指集体协商从启动到集体合同成立生效所经过的过程。根据《集体合同规定》的规定，集体协商应按下列程序进行。

（1）提出协商要求。集体协商任何一方均可就签订集体合同或专项集体合同以及相关事宜，以书面形式向对方提出进行集体协商的要求。一方提出进行集体协商要求的，另一方应当在收到集体协商要求之日起 20 日内以书面形式予以回应，无正当理由不得拒绝进行集体协商。

（2）准备工作。包括：熟悉与集体协商内容有关的法律、法规、规章；了解与集体协商内容有关的情况和资料；拟定集体协商议题；产生集体协商代表；确定集体协商的时间、地点等。

（3）协商。根据《集体合同规定》，集体协商主要采取协商会议的形式。

（4）审议通过。根据《集体合同规定》，经双方协商代表协商一致的集体合同草案或专项集体合同草案应当提交职工代表大会或者全体职工讨论。

（5）签字。集体合同草案或专项集体合同草案经职工代表大会或者职工大会通过后，由集体协商双方首席代表签字。

（6）报送、登记、审查。根据《集体合同规定》，集体合同或专项集体合同签订或变更后，应当自双方首席代表签字之日起 10 日内，由用人单位一方将文本 1 式 3 份报送劳动保障行政部门审查。

（7）生效、公布。劳动保障行政部门自收到文本之日起 15 日内未提出异议的，集体合同或专项集体合同即行生效。生效的集体合同或专项集体合同，应当自其生效之日起由协商代表及时以适当的形式向本方全体人员公布。

95.如何深入开展"十四五"全国引领性劳动和技能竞赛?

根据全国总工会印发的《关于深入开展"十四五"全国引领性劳

动和技能竞赛的通知》精神，各级工会要把深入开展全国引领性劳动和技能竞赛，作为"建功'十四五'、奋进新征程"主题劳动和技能竞赛的重要内容，使竞赛在推动高质量发展、深化供给侧结构性改革中发挥更大作用。各级工会要突出重点，进一步发挥竞赛示范引领作用，广泛深入持久开展劳动和技能竞赛，重点开展以下竞赛：围绕京津冀协同发展、长江经济带发展、粤港澳大湾区建设等国家重大战略，开展区域协调发展竞赛；围绕深化供给侧结构性改革和推进产业基础高级化、产业链现代化水平，以节能降耗、绿色发展、创新驱动和智能制造等为重点，开展产业转型升级竞赛；围绕川藏铁路、西部陆海新通道、北斗产业化等重大工程，重大科研设施、重大生态系统保护修复、公共卫生应急保障等重大项目，开展重大工程建设竞赛；聚焦重大科技项目、关键核心技术和产业优化升级等，开展创新示范引领竞赛；聚焦战略性新兴产业、技术前沿和核心基础零部件、关键基础材料等，开展职工职业技能竞赛；紧盯碳达峰、碳中和目标要求，围绕改善环境质量、提升生态系统质量和稳定性等，开展绿色发展竞赛。与此同时，以"安康杯"竞赛为载体，把煤矿、建筑、交通、石油、化工、电力等高危行业和非公中小企业以及设备、技术、工艺落后的企业作为重点领域，把一线职工、农民工、重体力劳动职工等群体作为重点对象，开展安全发展竞赛。各级工会强化过程管理，着力提高竞赛规范化水平，做到高起点谋划、高标准推动、高质量落实。据悉，全总将对促进国民经济和社会高质量发展有重大影响、能够在全国层面形成较强影响力和号召力的竞赛项目，统一纳入全国引领性劳动和技能竞赛项目库，落实信息反馈、项目督导、调查研究、总结表彰等机制，形成项目申报、推进、总结闭环管理。

96.如何大力弘扬劳模精神、劳动精神、工匠精神？

劳动模范是民族的精英、人民
的楷模，是中华人民共和国的功臣。
1950年党和国家首次表彰劳动模范
70年来，各条战线英雄辈出、群星
灿烂。他们在平凡的岗位上创造了

不平凡的业绩，以实际行动诠释了中国人民具有的伟大创造精神、伟大
奋斗精神、伟大团结精神、伟大梦想精神。

伟大精神来自伟大的人民。在长期实践中，我们培育形成了爱岗敬
业、争创一流、艰苦奋斗、勇于创新、淡泊名利、甘于奉献的劳模精
神，崇尚劳动、热爱劳动、辛勤劳动、诚实劳动的劳动精神，执着专
注、精益求精、一丝不苟、追求卓越的工匠精神。劳模精神、劳动精
神、工匠精神是以爱国主义为核心的民族精神和以改革创新为核心的时
代精神的生动体现，是鼓舞全党全国各族人民风雨无阻、勇敢前进的强
大精神动力。

社会主义是干出来的，新时代是奋斗出来的。实现党的二十大擘画
的宏伟蓝图，归根结底要靠劳动创造。立足新发展阶段，贯彻新发展理
念，构建新发展格局，推动高质量发展，必须紧紧依靠工人阶级和广大
劳动群众，大力弘扬劳模精神、劳动精神、工匠精神，为夺取全面建设
社会主义现代化国家新胜利汇聚强大正能量。

新形势下，我国工人阶级和广大劳动群众要自觉向劳模看齐，学先
进赶先进，自觉践行社会主义核心价值观，用劳动模范和先进工作者的
崇高精神和高尚品格鞭策自己，焕发劳动热情，厚植工匠文化，恪守职

业道德，将辛勤劳动、诚实劳动、创造性劳动作为自觉行为。要用劳模的先进事迹感召社会，用劳模的卓越贡献鼓舞士气，用劳模的优秀品质引领风尚，讲好劳模故事、讲好劳动故事、讲好工匠故事，让劳动最光荣、劳动最崇高、劳动最伟大、劳动最美丽蔚然成风。要着眼于民族的未来，把劳动教育纳入人才培养全过程，教育引导青少年树立以辛勤劳动为荣、以好逸恶劳为耻的劳动观。要建立健全劳模发挥作用机制，为他们搭建平台、提供舞台，传承精神财富、传承技术技能，培养更多高素质的劳动者。

新起点上，广大劳模要珍惜荣誉、保持本色，谦虚谨慎、戒骄戒躁，继续发挥示范带头作用，在实现民族复兴的伟大征程中，再创佳绩，再立新功。各级党委和政府要尊重劳模、关爱劳模，贯彻好尊重劳动、尊重知识、尊重人才、尊重创造方针，完善劳模政策，提升劳模地位，落实劳模待遇，推动更多劳动模范和先进工作者竞相涌现。

97.劳模创新工作室的主要任务是什么？

劳模创新工作室是由在技术、业务方面有专长，有一定的理论水平、实践经验、创新能力和创新成果的劳动模范作为负责人，并以劳模名字命名，同时由相关人员组成的创新团队。

劳模创新工作室的主要任务是：弘扬劳模精神，发挥劳模业务专长和技术优势，积极围绕企业生产经营管理的重点、难点问题，开展创新活动，推动企业增强核心竞争力；积极发挥劳模"传帮带"作用，开展技术培训、业务交流、高师带徒等活动，着力培养知识型、技能型、创新型职工。

98.合理化建议制度活动有哪些特征?

合理化建议制度又称为奖励建议制度、改善提案制度,是一种规范化的企业内部沟通制度,旨在鼓励广大员工能够直接参与企业管理,下情上达,让员工能与企业的管理者保持经常性的沟通。合理化建议制度存在着明显的优越性,它是员工参与到企业管理中的一个重要途径,是企业运用集体智慧的一个重要手段,深受企业组织的青睐。

合理化建议活动的特征主要有以下几点。

(1)广泛性。一线员工、技术人员、管理人员、营销人员以及财务、人力资源、培训等部门的人员,都可围绕本岗位或企业其他部门的工作,提出意见或建议。

(2)实验性。所提意见或建议能否运用到生产、经营、管理活动中去,必须经过科学论证,研究其可行性以及成本和效益,做出采纳与否的决定。

(3)效益性。合理化建议一旦实施应有实际效用,或可实现增产节约,或可直接计算效益;在实际工作中要注意定期(以月、季、半年或1年为单位)进行统计,其统计指标有:①提出率,即某一时期所提合理化建议的件数与平均在册职工之比;②采纳率,即经科学论证可采纳的件数与实际所提件数之比;③实施率,即实施的件数与创造的总体效益之比。

99.职工一般可以就哪些方面的内容提出合理化建议?

职工一般可以就以下几方面的内容提出合理化建议:

(1)在管理理论、管理技术上有创建,对提高生产经营管理、科学技术水平、提高经济效益和社会效益有指导和促进作用；

（2）在管理组织、制度、机构等方面提出改革办法和改进方案，对提高工作效率和应变能力或服务能力有显著效果；

（3）应用国内外现代化管理手段和技术，取得经济效益和社会效益。

100.如何加强职工思想政治工作？

职工思想政治工作是党的群众工作的重要组成部分。工会是党联系职工群众的桥梁和纽带，团结教育广大职工群众感党恩、听党话、跟党走，是工会工作的重要内容，也是工会的政治任务。工会组织和工会干部要认识到，只有在正确的思想引领下，广大职工才能紧密团结在党的周围，激发干劲，为以中国式现代化全面推进中华民族伟大复兴建功立业。

职工思想政治工作要求工会工作把握正确政治方向。各级工会和广大工会干部要深入学习贯彻习近平新时代中国特色社会主义思想和党的二十大精神，学习贯彻习近平总书记关于工人阶级和工会工作的重要论述，深刻领悟"两个确立"的决定性意义，增强"四个意识"、坚定"四个自信"、做到"两个维护"，自觉在思想上政治上行动上同以习近平同志为核心的党中央保持高度一致。

职工思想政治工作要求工作方式和内容与时俱进。要着力增强职工思想政治工作的针对性实效性，既保持传统的面对面谈心谈话的工作方式，也要充分运用先进科学技术，加强智慧工会建设，构建工会网上工作新形态。要落实好"中国梦·劳动美——凝心铸魂跟党走 团结奋斗新征程"主题宣传教育、"网聚职工正能量 争做中国好网民"主题活动。要运用多媒体手段，大力宣传劳模工匠和身边的好人好事，让职工思想得到潜移默化的洗礼。

职工思想政治工作要与为职工维权服务联系起来。在深化产业工人队伍建设改革、疫情防控新形势下，职工群众急难愁盼问题多种多样。如果只是仅仅说教而不切实解决职工群众的现实问题，维权服务就是一句空话，工会组织的团结力凝聚力向心力就会下降，职工思想政治工作就会流于形式。长此以往，相关工作如职工队伍风险隐患排查化解、维护劳动领域政治安全、深化工会改革和建设等都会受到影响，工会组织就难以有效发挥应有作用，从而影响工会工作任务的完成。

101.社会主义道德建设的主要内容是什么？职业道德建设的主要内容是什么？

从我国历史和现实的国情出发，社会主义道德建设要坚持以为人民服务为核心，以集体主义为原则，以爱祖国、爱人民、爱劳动、爱科学、爱社会主义为基本要求，以社会公德、职业道德、家庭美德为着力点。

职业道德是所有从业人员在职业活动中应该遵循的行为准则，涵盖了从业人员与服务对象、职业与职工、职业与职业之间的关系。随着现代社会分工的发展和专业化程度的增强，市场竞争日趋激烈，整个社会对从业人员职业观念、职业态度、职业技能、职业纪律和职业作风的要求越来越高。要大力倡导以爱岗敬业、诚实守信、办事公道、热情服务、奉献社会为主要内容的职业道德，鼓励人们在工作中做一个好建设者。

102.加强新时代职工文化建设的基本原则是什么？

根据中华全国总工会《关于加强新时代职工文化建设的指导意

见》，加强新时代职工文化建设应当遵循的基本原则如下。

（1）坚持党的领导。各级工会党组织要切实担负起政治责任，加强对职工文化建设的政治领导、思想领导、组织领导。

（2）坚持正确导向。职工文化建设必须始终把坚持正确方向、价值取向和艺术导向放在首位，充分发挥思想政治引领作用，促进广大职工在理想信念、价值理念、道德观念上紧紧团结在一起。

（3）坚持公益性方向。职工文化阵地是国家公共文化服务体系的有机组成部分。要始终坚持把社会效益放在首位，推动建立政府、工会、企业、社会等多渠道的资金保障体系，使其充分履行公益性服务职能。

（4）坚持共建共享。坚持党委领导、行政支持、工会运作、职工参与的职工文化共建机制，坚持力量和资源向基层倾斜，使发展成果惠及更多职工。

（5）坚持改革创新。适应新时代的发展和要求，充分运用互联网技术，推进职工文化建设理念思路、内容形式、方法手段改革创新，提升职工文化感召力和影响力。

103.加强新时代职工文化建设的目标任务是什么？

根据中华全国总工会《关于加强新时代职工文化建设的指导意见》，加强新时代职工文化建设的目标任务是坚持中国特色社会主义文化发展道路，坚持弘扬中华优秀传统文化、革命文化和社会主义先进文化，加强职工思想政治引领，培育践行社会主义核心价值观，积极推进职业道德建设，繁荣发展职工文艺，团结带领广大职工听党话跟党走。推动党委领导、行政支持、工会运作、职工参与的职工文化共建机制不断健全，布局合理、契合需求、作用突出、公益彰显的职工文化阵地管理、运行和保障机制日趋完善，特色鲜明、思想性艺术性俱佳的职工文化品牌和精品不断涌现，专业化、社团化、志愿化相结合的职工文化人才队伍优化壮大，职工群众文化获得感显著增强，经过5年的努力，推出一批职工文化阵地建设示范典型，打造一批职工文化创作培训基地，培育一批德艺双馨、具有一定社会影响力的职工文化建设领军人才，创作一批思想性强、艺术性高、社会影响大、群众口碑好的精品力作。

104.工会劳动保护监督检查员如何设立?

根据《工会劳动保护监督检查员工作条例》规定，在县（含）以上总工会、产业工会中设立工会劳动保护监督检查员。可聘请有关方面熟悉劳动保护业务的人员担任兼职工会劳动保护监督检查员。

工会劳动保护监督检查员应具有大专以上文化程度、具有一定的生产实践经验，并从事工会劳动保护工作1年以上，应有较高的政治、业务水平，熟悉和掌握有关劳动安全卫生法律法规和劳动保护业务；科级以上、从事5年以上劳动保护工作的工会干部也可以担任工会劳动保护监督检查员。工会劳动保护监督检查员任命前必须经过劳动保护岗位培训，考核合格。

105.工会劳动保护监督检查员代表工会组织行使哪些职权?

工会劳动保护监督检查员代表工会组织行使下列职权。

（1）参与劳动安全卫生法律、法规和重大决策、措施的制定，监督劳动安全卫生法律法规和政策的贯彻执行。

（2）监督检查本地区、行业和企事业的劳动安全卫生工作，对劳动安全卫生状况进行分析，对危害职工劳动安全与健康的问题进行调查，向政府及有关部门、企事业单位反映需要解决的问题，提出整改治理的建议。

（3）制止违章指挥、违章作业。在监督检查时，发现存在事故隐患、职业危害和违反国家劳动安全卫生法律法规的问题，有权要求企事业进行整改，监督企事业采取防范事故和职业危害的措施；发现存在严重事故隐患或职业危害的提请所隶属的工会组织向企事业单位发出书面整改建议，并督促企事业单位解决；对拒不整改的，提请政府有关部门采取强制性措施。

（4）在生产过程中发现明显重大事故隐患和严重职业危害，并危及职工生命安全的紧急情况时，有权向企事业行政或现场指挥人员要求采取紧急措施，包括立即从危险区内撤出作业人员。同时支持或组织职工采取必要的避险措施并立即报告。

（5）依法参加职工伤亡事故的调查和处理，监督企事业单位采取防范措施，对造成伤亡事故和经济损失的责任者，提出处理意见。对触犯刑律的责任者，建议追究其法律责任。

（6）参加新建、扩建和技术改造工程项目劳动安全卫生设施的设计审查和竣工验收，对劳动条件和安全卫生设施存在的问题提出意见和建议。

（7）监督和协助企事业单位严格执行国家劳动安全卫生规程和标准，建立、健全劳动安全卫生制度；监督检查劳动安全卫生设施；监督检查技术措施计划的执行及经费投入、使用的情况；监督检查企事业单位的安全生产状况。

（8）支持基层工会劳动保护监督检查委员会和工会小组劳动保护检查员开展工作，在劳动保护业务上给予指导。

106.工会劳动保护监督检查委员会如何设立?

《基层工会劳动保护监督检查委员会工作条例》第 2 条规定:"企事业工会及所属分厂、车间工会设立工会劳动保护监督检查委员会(或工会劳动保护监督检查小组,下同)。乡镇工会、城市街道工会及基层工会联合会也可设立工会劳动保护监督检查委员会。"一般来说,企事业、车间职工人数 50 人以下的,可建立工会劳动保护监督检查小组。

企业、车间成立工会委员会,即应成立工会劳动保护监督检查委员会。工会劳动保护监督检查委员会委员由同级工会提名,报上级工会备案。提名要通过工会小组的讨论,并采用职工(代表)大会讨论通过或基层工会委员会决议的形式,决定委员会委员的组成。委员会一经建立,必须将委员会建立的时间、委员会委员、任期等决定报上级工会备案。

107.工会劳动保护监督检查委员会有哪些职权?

工会劳动保护监督检查委员会的职权如下。

(1)监督和协助本单位贯彻执行国家劳动安全卫生法律法规,监督落实安全生产责任制和规章制度,参加涉及职工劳动安全与健康规章制度的制定,参与本单位劳动安全卫生措施、计划和经费投入等方案的制定和实施,对劳动安全卫生的决策、措施提出意见和建议。

(2)定期分析研究劳动安全卫生状况,向企事业单位和有关方面反映职工对劳动安全卫生工作的意见、建议和要求。督促和协助企事业单位解决劳动安全卫生方面存在的问题,改善劳动条件和作业环境。

（3）参与本单位集体合同中关于劳动安全卫生、工作时间、休息休假和工伤保险等条款的协商与制定，维护职工劳动安全卫生的权利、休息休假的权利和享受工伤保险的权利。对集体合同、劳动合同中劳动安全卫生条款的执行情况进行监督检查。

（4）制止违章指挥、违章作业。组织或协同行政进行安全生产检查，组织职工代表对劳动安全卫生工作进行督查。对事故隐患和职业危害作业点建立档案，监督整改和治理，并督促企事业单位防范事故和职业危害。

（5）对违反国家法律法规、不符合劳动安全卫生标准规定的问题，提出整改意见；问题严重的，向企事业行政提出书面整改意见，对拒不整改的，要求政府有关部门采取强制性措施。

（6）监督检查新建、扩建和技术改造工程项目的劳动安全卫生设施与主体工程同时设计、同时施工、同时投产使用。

（7）参加职工伤亡事故调查和处理，查清事故原因和责任，提出对事故责任者的处理意见，监督和协助企事业单位采取防范措施。对发生的职工伤亡事故和职业病进行研究、分析，总结教训，提出建议。

（8）在生产过程中发现明显重大事故隐患和严重职业危害，并危及职工生命安全的紧急情况时，要求企事业行政或现场指挥人员采取紧急措施，包括立即从危险区内撤出作业人员。同时支持或组织职工采取必要的避险措施并立即报告。

（9）宣传国家劳动安全卫生法律法规、政策及企事业的规章制度，结合实际情况，组织和发动职工开展安全生产活动，教育职工遵章守纪，提高职工的安全意识和技能。

（10）督促企事业单位按国家有关规定发放劳动安全卫生防护用品、用具，监督企事业单位定期对职工进行健康检查。监督企事业单位履行对职业病人的诊断、治疗和康复的责任，督促落实工伤待遇及职业病损害赔偿。监督和协助企事业单位落实女职工和未成年工特殊保护的有关规定。

108.工会小组劳动保护检查员的职权是什么?

工会小组劳动保护检查员应具有一定的劳动安全卫生知识，敢于坚持原则，责任心强。其职权主要有以下几点：

（1）协助班组长落实国家劳动安全卫生法律法规及企事业规章制度，创建安全生产合格班组；

（2）查询工作场所存在的职业危害和企事业单位相应的防范措施；

（3）督促和协助班组长对本班组人员进行安全教育，提高安全生产意识和技术技能；

（4）制止违章指挥、违章作业；

（5）对生产设备、防护设施、工作环境进行监督检查，发现隐患及时报告，督促解决；

（6）发现明显危及职工生命安全的紧急情况时，应立即报告，并组织职工采取必要的避险措施；

（7）发生伤亡事故，迅速参加抢险、急救工作，协助保护事故现场，并立即上报；

（8）监督企事业单位提供符合国家规定的劳动条件、按规定发放个体防护用品。向企事业单位提出不断改善劳动条件和作业环境的建议；

（9）因进行正常监督检查活动而受到打击报复时，有权上告并要求严肃处理。

109.什么是"安康杯"竞赛？

"安康杯"竞赛活动是 20 世纪 80 年代由内蒙古自治区包头市总工会首创的。

"安康杯"是取"安全"和"健康"之意而设立的安全生产荣誉奖杯。"安康杯"竞赛，顾名思义也就是把竞争机制、奖励机制、激励机制应用于安全生产活动中的群众性"安全"与"健康"竞赛，它是社会主义劳动竞赛在安全生产工作中的具体应用、实践和延伸。

"安康杯"竞赛的目的是，通过竞赛安全生产管理、领导者安全生产意识、职工安全生产知识水平和能力、安全生产各项指标等，不断推进企事业单位的安全生产工作和安全文化建设，不断扩大社会影响，提高全民安全生产意识，最终降低各类事故的发生率和各类职业病的发病率，保障劳动者安全与健康。

110.工会如何开展关于劳动保护的群众活动？

组织职工开展各种劳动保护群众活动，是工会劳动保护工作的一项重要任务。

（1）开展各种形式的安全竞赛。

发动、组织职工开展各种形式的安全竞赛，是依靠职工群众搞好劳动保护、安全生产的有效形式，如安康杯竞赛、百日安全竞赛、班组安全竞赛、反违章竞赛、专业工种安全竞赛等。

（2）开展群众性的"反违章""查隐患、堵漏洞、排险情、保安全"活动。

（3）班组安全建设。

班组是企事业单位的最基层组织，是企事业单位实现安全生产的基础，也是企事业单位安全管理的最终落脚点，班组安全管理的好坏直接影响着企事业单位的安全生产工作。

111.社会保障的功能是什么?

社会保障是以国家或政府为主体，依据法律，通过国民收入的再分配，对公民在暂时或永久丧失劳动能力以及由于各种原因而导致生活困难时给予物质帮助，以保障其基本生活的制度。社会保障的本质是追求公平，同时必须以立法或法律为依据。其基本内容包括社会保险、社会救助、社会福利等。

社会保障的功能主要有以下几个方面。

第一，社会保障能发挥社会稳定器的作用。通过社会保障对国民收入进行再分配，适当缩小各阶层社会成员之间的收入差距，避免贫富悬殊，使社会成员的基本生活得到保障，能协调社会关系，维护社会稳定。

第二，社会保障有利于保证社会劳动力再生产顺利进行。社会保障的功能之一就是在劳动力再生产遇到障碍时给予劳动者及其家属以基本生活的必要保障，以维系劳动力再生产的需要，从而保证社会再生产的正常进行。

第三，社会保障有利于实现社会公平。社会保障可以通过强制征收社会保障费，聚集成社会保障基金，对收入较低或失去收入来源的劳动者给予补助，提高其生活水平，在一定程度上缩小收入差距，实现社会的公平分配。

第四，社会保障具有促进发展的功能。主要表现在：一是能够促进社会成员之间及其与整个社会的协调发展，使社会生活实现良性循环；二是社会保障可以使社会财富再次得到分配，不仅能保障人们最基本的物质生活条件，而且还能刺激社会需求，增加消费，拉动内需，促进经济发展；三是能够促进社会成员的物质与精神生活水平提高；四是能够促进政府有关社会政策的实施；五是能够促进社会文明的发展。另外，在经济领域，社会保障通过营造稳定的社会环境、调动劳动者积极性促进经济的发展，同时通过社会保障基金的运营直接促进着某些产业的发展。

112.如何申请享受城市居民最低生活保障待遇？

最低生活保障，是指国家对家庭人均收入低于当地政府公告的最低生活标准的人口给予一定现金资助，以保证该家庭成员基本生活所需的社会保障制度。最低生活保障线也即贫困线，对达到贫困线的人口给予相应补助以保证其基本生活的做法。《社会救助暂行办法》第9条规定：国家对共同生活的家庭成员人均收入低于当地最低生活保障标准，且符合当地最低生活保障家庭财产状况规定的家庭，给予最低生活保障。

下列3类人员可以申请城市居民最低生活保障金。

（1）无生活来源、无劳动能力、无法定赡养人或抚养人的居民。

（2）领取失业救济金期间或失业救济期满仍未能重新就业，家庭人均收入低于最低生活保障标准的居民。

（3）在职人员和下岗人员在领取工资或最低工资、基本生活费后以及退休人员领取退休金后，其家庭人均收入仍低于最低生活保障标准的居民。

申请享受城市居民最低生活保障待遇，由户主向户籍所在地的街道办事处或者镇人民政府提出书面申请，并出具有关证明材料，填写《城市居民最低生活保障待遇审批表》。城市居民最低生活保障待遇，由其所在地的街道办事处或者镇人民政府初审，并将有关材料和初审意见报送县级人民政府民政部门审批。

管理审批机关为审批城市居民最低生活保障待遇的需要，可以通过入户调查、邻里访问以及信函索证等方式对申请人的家庭经济状况和实际生活水平进行调查核实。申请人及有关单位、组织或者个人应当接受调查，如实提供有关情况。

113.工会实施送温暖工程的主要内容是什么？

实施送温暖工程是工会履行维权服务职责、帮扶困难职工的一项品牌工程。送温暖工程已成为政府支持、职工认可、社会欢迎的民心工程。

送温暖工程的主要内容如下：（1）开展送温暖活动；（2）完善特困职工档案制度；（3）建立送温暖工程基金；（4）推行领导干部联系困难职工制度；（5）积极协助政府做好下岗、失业人员再就业工作；（6）大力开展职工互助互济工作；（7）建立工会困难职工帮扶中心（职工服务中心）。

工会送温暖工程是政府社会保障制度的有效补充。工会送温暖工程的工作重心逐步从保障困难职工的生活向帮扶困难职工群体摆脱贫困转移。

114.工会困难职工帮扶中心（职工服务中心）主要对困难职工进行哪些方面的帮扶？

工会困难职工帮扶中心（职工服务中心）是工会组织履行基本职责，协助党政组织解决好困难职工生产、生活问题，直接面向困难职工创立的综合服务机构。困难职工帮扶中心（职工服务中心）是工会为职工办实事、维护职工合法权益的平台，是工会送温暖工程经常化、制度化、社会化的有效载体。

工会困难职工帮扶中心（职工服务中心）的基本职能包括 3 方面：帮困职能、维权职能、服务职能。3 项职能有机联系、相互促进、相互补充，在不同的地域和不同的发展阶段各有侧重。

工会困难职工帮扶中心（职工服务中心）根据困难职工的需要进行帮扶，主要包括职业介绍、就业培训、生活救助、法律援助、子女助学、信访接待等内容。

115.如何建立健全高标准职工服务体系，不断提升职工生活品质？

竭诚服务职工群众是工会一切工作的出发点和落脚点。各级工会要坚持职工利益无小事的理念，顺应职工对美好生活的新期待，把工作重心放在广大职工身上，从大处着眼、小处着手，满腔热情做好服务职工工作。《中国工运事业和工会工作"十四五"发展规划》提出了建立健全高标准职工服务体系，不断提升职工生活品质的重要措施，主要有以下几点。

（1）加强服务阵地建设。推进"会、站、家"一体化建设，加强枢纽型社会组织平台功能建设。培育壮大基层工会服务阵地，拓展服务项目，整合社会资源，推动开放共享，实现区域内职工活动与服务基本覆盖。按照"突出公益、聚焦主业、自主经营、依法监管"的工作要求，更好发挥工人疗休养院、工人文化宫、职工互助保障组织等服务职工的作用。

（2）健全困难职工家庭常态化帮扶机制。积极参与社会救助制度顶层设计，促进困难职工帮扶与社会救助体系相衔接。巩固拓展解困脱困工作成果，健全困难职工家庭生活状况监测预警机制和常态化帮扶机制。积极争取各级财政、社会资源、工会经费等多渠道投入帮扶资金，对深度困难、相对困难、意外致困等不同困难类型的困难职工家庭精准帮扶、分类施策，形成层次清晰、各有侧重、有机衔接的梯度帮扶工作格局。

（3）实施提升职工生活品质行动。以精准服务为导向，以满足职工美好生活需要为目标，制定实施工会提升职工生活品质行动方案，推行工会服务职工工作项目清单制度；建立工会帮扶工作智能化平台，健全工会服务职工满意度评价机制。开展帮扶中心赋能增效和幸福企业建设试点工作，提升职工服务中心（困难职工帮扶中心）综合服务职工功能，深入推进职工生活幸福型企业建设工作，精准对接社会资源与职工需求，培育一批服务项目，引导企业改善职工生产生活条件。

（4）打造服务职工系列品牌。健全完善常态化送温暖机制，继续叫响做实送温暖、金秋助学、阳光就业、职工医疗互助、工会法律援助、关爱农民工子女等工会工作传统品牌。

116.职工互助保障组织如何设立？

职工互助保障组织是指依托各级工会组织，以互助互济方式为职工

提供保障服务的非营利性法人组织。职工互助保障活动是指各级工会职工互助保障组织为维护职工医疗、健康等保障权益而开展的职工互助互济活动。职工互助保障组织应当坚持服务职工的公益属性，坚持互助的组织特色，坚持发挥对社会保障的补充作用。遵循依法独立承担责任，成本、风险可控的原则，切实维护职工和会员权益。

根据《职工互助保障组织监督管理办法》规定，省级、市级工会可以根据本地区经济发展水平和职工保障实际设立职工互助保障组织、开展职工互助保障活动。设立职工互助保障组织应当经本级工会批准，在相关部门登记注册并依法取得法人资格。

设立职工互助保障组织应当具备以下条件：

（1）合法财产和经费来源；

（2）符合法律法规及本办法规定的活动章程或规则；

（3）健全的组织机构和管理制度；

（4）固定工作场所和必要的业务设施；

（5）具备任职所需专业知识和业务工作经验的管理人员。

职工互助保障组织设立时，主办工会应当明确本级职工互助保障组织的业务管理部门（机构），指导职工互助保障组织依法依规开展工作。

职工互助保障组织的停办、撤销需经主办工会同意并依据相关法律法规及规定办理，确保资金、资产安全完整，切实维护入会职工权益。

117.劳动关系三方协商机制的主要职责是什么?

《工会法》规定："各级人民政府劳动行政部门应当会同同级工会

和企业方面代表，建立劳动关系三方协商机制，共同研究解决劳动关系方面的重大问题。"劳动关系三方协商机制是指国家（以政府劳动行政部门为代表）、职工（以工会组织为代表）和企业（以企业组织为代表）三方，就劳动关系为主的社会经济政策、法律的制定和实施等进行相互协商的组织体制、法律制度以及运作程序。劳动关系三方协商机制是市场经济条件下协调劳动关系的重要机制。

根据《关于建立健全劳动关系三方协调机制的指导意见》，省级三方协调机制一般应在以下几个方面开展工作。

（1）研究分析经济体制改革政策和社会经济发展计划对劳动关系的影响，提出政策性意见和建议。

（2）通报交流各自协调劳动关系工作中的情况和问题，研究分析劳动关系状况及发展趋势，对劳动关系方面带有全局性、倾向性的重大问题进行协商。

（3）对制定涉及调整劳动关系的法律、法规、规章和政策提出意见和建议，并监督实施。

（4）对地方建立三方协调机制和企业开展平等协商、签订集体合同等劳动关系调整工作进行咨询、指导。研究现行劳动争议处理体制，指导地方的劳动争议处理工作。总结推广典型经验。

（5）对具有重大影响的集体劳动争议和群体性事件进行调查研究，提出解决和预防措施的意见建议。

（6）开展劳动法律、法规和规章的宣传工作。

118.工会开展劳动法律监督依法享有哪些权利？

工会劳动法律监督，是工会依法对劳动法律法规执行情况进行的有组织的群众监督，是我国劳动法律监督体系的重要组成部分。《中国工

会章程》规定，各级工会组织应当组织和代表职工开展劳动法律监督。

工会劳动法律监督工作应当遵循依法规范、客观公正、依靠职工、协调配合的原则。

根据《工会劳动法律监督办法》规定，工会开展劳动法律监督，依法享有下列权利：

（1）监督用人单位遵守劳动法律法规的情况；

（2）参与调查处理；

（3）提出意见要求依法改正；

（4）提请政府有关主管部门依法处理；

（5）支持和帮助职工依法行使劳动法律监督权利；

（6）法律法规规定的其他劳动法律监督权利。

119.工会对用人单位的哪些情况实施监督?

根据《工会劳动法律监督办法》规定，工会对用人单位的下列情况实施监督：

（1）执行国家有关就业规定的情况；

（2）执行国家有关订立、履行、变更、解除劳动合同规定的情况；

（3）开展集体协商，签订和履行集体合同的情况；

（4）执行国家有关工作时间、休息、休假规定的情况；

（5）执行国家有关工资报酬规定的情况；

（6）执行国家有关各项劳动安全卫生及伤亡事故和职业病处理规定的情况；

（7）执行国家有关女职工和未成年工特殊保护规定的情况；

（8）执行国家有关职业培训和职业技能考核规定的情况；

（9）执行国家有关职工保险、福利待遇规定的情况；

（10）制定内部劳动规章制度的情况；

（11）法律法规规定的其他劳动法律监督事项。

根据《工会劳动法律监督办法》规定，工会重点监督用人单位恶意欠薪、违法超时加班、违法裁员、未缴纳或未足额缴纳社会保险费、侮辱体罚、强迫劳动、就业歧视、使用童工、损害职工健康等问题。对发现的有关问题线索，应当调查核实，督促整改，并及时向上级工会报告；对职工申请仲裁、提起诉讼的，工会应当依法给予支持和帮助。

120.工会劳动法律监督组织如何设立？

工会劳动法律监督组织，是指在各级工会设立的工会劳动法律监督委员会或劳动法律监督小组。根据《工会劳动法律监督办法》规定，县级以上总工会设立工会劳动法律监督委员会，在同级工会领导下开展工会劳动法律监督工作。工会劳动法律监督委员会的日常工作由工会有关部门负责。基层工会或职工代表大会设立劳动法律监督委员会或监督小组。工会劳动法律监督委员会受同级工会委员会领导。职工代表大会设立的劳动法律监督委员会对职工代表大会负责。工会劳动法律监督委员会任期与本级工会任期相同。

县级以上工会劳动法律监督委员会委员由相关业务部门的人员组成，也可以聘请社会有关人士参加。基层工会劳动法律监督委员会委员或监督小组成员从工会工作者和职工群众中推选产生。

工会劳动法律监督委员会可以聘任若干劳动法律监督员。工会劳动法律监督委员会成员同时为本级工会劳动法律监督员。

工会劳动法律监督员应当具备以下条件。

（1）具有较高的政治觉悟，热爱工会工作。

（2）熟悉劳动法律法规，具备履职能力。

（3）公道正派，热心为职工群众说话办事。

（4）奉公守法，清正廉洁。

121.基层工会和职工代表大会如何对本单位遵守劳动法律法规的情况实施监督？

根据《工会劳动法律监督办法》规定，基层工会对本单位遵守劳动法律法规的情况实行监督，对劳动过程中发生的违反劳动法律法规的问题，应当及时向生产管理人员提出改进意见；对于严重损害劳动者合法权益的行为，基层工会在向单位行政提出意见的同时，可以向上级工会和当地政府有关主管部门报告，提出查处建议。

根据《工会劳动法律监督办法》规定，职工代表大会设立的劳动法律监督委员会，对本单位执行劳动法律法规的情况进行监督检查，定期向职工代表大会报告工作，针对存在的问题提出意见或议案，经职工代表大会作出决议，督促行政方面执行。

122.工会应当建立健全劳动法律监督投诉制度吗？

根据《工会劳动法律监督办法》规定，工会建立健全劳动法律监督投诉制度，对实名投诉人个人信息应当予以保密。

上级工会收到对用人单位违反劳动法律法规行为投诉的，应当及时转交所在用人单位工会受理，所在用人单位工会应当开展调查，于30个工作日内将结果反馈职工与上级工会。对不属于监督范围或者已经由行政机关、仲裁机构、人民法院受理的投诉事项，所在用人单位工会应当告知实名投诉人。

用人单位工会开展劳动法律监督工作有困难的，上级工会应当及时给予指导帮助。

123.工会有权对用人单位违反劳动法律法规、侵害职工合法权益行为进行调查吗？

根据《工会劳动法律监督办法》规定，工会在处理投诉或者日常监督工作中发现用人单位存在违反劳动法律法规、侵害职工合法权益行为的，可以进行现场调查，向有关人员了解情况，查阅、复制有关资料，核查事实。

工会劳动法律监督员对用人单位进行调查时，应当不少于2人，必要时上级工会可以派员参与调查。

工会劳动法律监督员执行任务时，应当将调查情况在现场如实记录，经用人单位核阅后，由调查人员和用人单位的有关人员共同签名或盖章。用人单位拒绝签名或盖章的，应当在记录上注明。

工会劳动法律监督员调查中应当尊重和保护个人信息，保守用人单位商业秘密。

124.工会发现用人单位有违反劳动法律法规、侵害职工合法权益行为，应当怎么办？

工会主动监督中发现违反劳动法律法规、侵害职工合法权益行为

的，应当及时代表职工与用人单位协商，要求整改。对于职工的投诉事项，经调查认为用人单位不存在违反劳动法律法规、侵害职工合法权益行为的，应当向职工说明；认为用人单位存在违反劳动法律法规、侵害职工合法权益行为的，应当代表职工协商解决。

工会对用人单位违反劳动法律法规、侵害职工合法权益的行为，经协商沟通解决不成或要求整改无效的，向上一级工会报告，由本级或者上一级工会根据实际情况向用人单位发出工会劳动法律监督书面意见。

用人单位收到工会劳动法律监督书面意见后，未在规定期限内答复，或者无正当理由拒不改正的，基层工会可以提请地方工会向同级人民政府有关主管部门发出书面建议，并移交相关材料。

125.工会劳动法律监督"两书"指的是什么？

"两书"指《工会劳动法律监督意见书》和《工会劳动法律监督建议书》。《意见书》针对用人单位有过错，通过协商调解不能达成协议的，由本级或者上一级工会向用人单位发出；《建议书》是针对用人单位收到《意见书》后，未在规定期限内答复，或者无正当理由拒不改正的，由地方总工会向同级人力资源和社会保障等有关部门发出。人力资源和社会保障等有关部门接到工会劳动法律监督建议书后，应当按照规定时间进行审查，依法调查处理，并及时反馈调查处理结果。

126.建立工会法律援助制度应遵循的基本原则是什么？

工会法律援助制度，是指工会组织根据《工会法》《劳动合同法》《法律援助法》《中国工会章程》和《工会法律援助办法》等法律法规和工会规章，为保证职工、工会工作者和工会组织的各项法定权利在现实生

活中得以实现，对需要通过法律手段维护自身合法权益，但因经济困难无力支付法律服务费用或有其他特殊困难的职工当事人、权益受到侵害的工会工作者和所属工会组织，由工会及其法律援助机构依法为他们提供诉讼或者非诉讼的无偿法律服务，使其合法权益免受非法侵害，保障其合法权益得以实现的法律制度。工会法律援助是工会为保护职工、工会工作者和所属工会组织合法权益而依法履行的责任和义务，同时也是职工、工会工作者和所属工会组织依法享有的一项权利。工会法律援助制度是工会法律保障体系的组成部分，也是政府法律援助制度的重要补充。

建立工会法律援助制度应遵循的基本原则有以下几方面。

（1）依法维护原则。

维护职工合法权益是工会的基本职责，依法开展工会法律援助是工会履行基本职责的基本要求，也是工会法律援助应遵循的基本原则。

（2）维护职工利益原则。

工会设立法律援助制度的目的，是为了保障经济困难的职工获得必要的法律服务，维护社会公平正义。因此，维护职工利益，使他们不因为经济困难而丧失法律的保护和自己应有的权利，是工会法律援助工作

应遵循的基本原则。

（3）无偿原则。

《工会法律援助办法》第 2 条规定："工会建立法律援助制度，为合法权益受到侵害的职工、工会工作者和工会组织提供无偿法律服务。"即工会法律援助机构为职工、工会工作者和工会组织提供法律援助必须坚持无偿、免费的原则。

（4）及时原则。

工会法律援助机构及其承办人员，在接到符合工会法律援助条件的援助事项后，应当及时履行援助义务。

127.工会法律援助的范围是什么？形式有哪些？

工会法律援助的范围包括以下几方面：

（1）劳动争议案件；

（2）因劳动权益涉及的职工人身权、民主权、财产权受到侵犯的案件；

（3）工会工作者因履行职责合法权益受到侵犯的案件；

（4）工会组织合法权益受到侵犯的案件；

（5）工会认为需要提供法律援助的其他事项。

工会法律援助的形式有以下几点：

（1）普及法律知识；

（2）提供法律咨询；

（3）代写法律文书；

（4）参与协商、调解；

（5）仲裁、诉讼代理；

（6）其他法律援助形式。

128.哪些职工可以申请工会法律援助？

职工符合下列条件之一的，可以向工会法律援助机构申请委托代理法律援助。

（1）为保障自身合法权益需要工会法律援助，且本人及其家庭经济状况符合当地工会提供法律援助的经济困难标准。

（2）未达到工会提供法律援助的经济困难标准，但有证据证明本人合法权益被严重侵害，需要工会提供法律援助的。农民工因请求支付劳动报酬或者工伤赔偿申请法律援助的，不受《工会法律援助办法》规定的经济困难条件的限制。

职工申请法律援助应当向劳动合同履行地或者用人单位所在地的工会法律援助机构提出。

工会工作者和工会组织申请工会法律援助应当向侵权行为地或者用人单位所在地的工会法律援助机构提出。

职工申请工会法律援助机构代理劳动争议仲裁、诉讼等法律服务，应当以书面形式提出，并提交下列材料。

（1）身份证、工作证或者有关身份证明。

（2）所在单位工会或者地方工会（含乡镇、街道、开发区等工会）出具的申请人经济困难状况的证明。

（3）与法律援助事项相关的材料。

（4）工会法律援助机构认为需要提供的其他材料。

提交书面申请确有困难的，可以口头申请。工会法律援助机构应当当场记录申请人基本情况、申请事项、理由和时间，并经本人签字。

129.我国工会财务管理体制是什么？

工会财务管理，是指在工会经济活动中，对客观存在的资金运动，进行合理地计划、组织、调节、控制和监督的工作。工会财务管理体制是工会系统财务管理上职责权限划分和财力分配的制度。工会财务工作具有以下几个特点：（1）独立自主的经费管理体制；（2）工会经费来源有明确的法律规定；（3）法律明确规定了经费使用用途。

《中国工会章程》第 39 条规定，工会实行"统一领导，分级管理"的财务体制。因此，"统一领导，分级管理"是我国工会财务管理体制的原则。

统一领导是分级管理的前提，只有坚持统一领导，才能保证各级工会的均衡发展，才能保持工会组织的完整性和统一性；分级管理是统一领导的基础，坚持分级管理也就是坚持实事求是的原则。具体来说，"统一领导"即中华全国总工会对全国各级工会的财务工作实行统一领导，制定统一的工会财务工作方针政策、统一的财务制度和纪律，并实行财务监督。"分级管理"即在全国总工会统一制定的财会工作政策、制度、纪律的制约下，对地方总工会和按产业系统管理经费的产业工会，确定财务管理层级、经费分成比例以及各层级工会财务管理的职责权限。各级工会应按照规定，履行自己的职能，独立、负责地开展财务管理工作。

130.我国工会经费的来源有哪些？

工会经费，是指工会依法取得并开展正常活动所需的费用。工会经费是依照国家法律法规取得的，它的来源的合法性受国家法律保护，任何组织和个人不得干涉。根据《中国工会章程》第36条明确规定，工会经费来源如下。

（1）会员交纳的会费。工会会员缴纳会费是会员应尽的义务，同时也是会员在工会组织内部享受权利的物质基础。会员缴纳工会会费，体现了会员的组织观念，密切了会员与工会组织的联系，同时也有利于职工之间的互助互济和团结友爱的精神的增强。会费缴纳的标准，是根据不同时期会员的收入情况和工会工作情况，由全国总工会统一制定的。现行标准，根据全国总工会1978年工发101号通知规定，工会会员每月应向工会组织缴纳本人每月基本收入0.5%的会费。工资尾数不足10元的不计缴会费。会员缴纳的会费，全部留在基层，用于工会开展活动，无需上交。

（2）企业、事业单位、机关、社会组织按全部职工工资总额的2%向工会拨缴的经费或者建会筹备金。根据《工会法》的规定，凡建立工会组织的用人单位，应按上月份全部职工工资总额的2%向工会拨缴当月份的工会经费，并由工会按有关规定逐级上解。企业、事业单位、社会组织无正当理由拖延或者拒不拨缴工会经费，基层工会或者上级工会可以向当地人民法院申请支付令；拒不执行支付令的，工会可以依法申请人民法院强制执行。

《中国工会章程》第38条规定，县和县以上各级工会应当与税务、财政等有关部门合作，依照规定做好工会经费收缴和应当由财政负担的工会经费拨缴工作。未成立工会的企业、事业单位、机关、社会组织，按工资总额的2%向上级工会拨缴工会建会筹备金。

（3）工会所属的企业、事业单位上缴的收入。工会可以利用自己筹集的各种资金，举办职工疗休养事业、职工旅游、职工消费合作社等为职工服务的经济事业。

（4）人民政府和企业、事业单位、机关、社会组织的补助。在工会经费不足的情况下，人民政府、企业、事业单位、机关、社会组织给同级工会的补贴，是工会经费的补充来源。它具有一次性和专用性的特点。

（5）其他收入。主要指：上级工会的补贴，个人、社会团体及海外侨胞、友人的捐助，工会变卖财产收入，银行存款利息收入，等等。

131.基层工会经费收支管理的原则是什么？

根据 2017 年 12 月 15 日中华全国总工会颁发的《基层工会经费收支管理办法》的规定，基层工会预算收支管理，应贯彻以下原则：

（1）遵纪守法原则；

（2）经费独立原则；

（3）预算管理原则；

（4）服务职工原则；

（5）勤俭节约原则；

（6）民主管理原则。

132.基层工会经费支出范围是什么？

根据《工会法》规定，工会经费主要用于为职工服务和工会活动。

按照《基层工会经费收支管理办法》规定，基层工会经费支出范围如下。

（1）职工活动支出。

职工活动支出，是指基层工会组织开展职工教育、文体、宣传等活动所发生的支出和工会组织的职工集体福利支出。

（2）维权支出。

维权支出，是指基层工会用于维护职工权益的支出。包括劳动关系协调费、劳动保护费、法律援助费、困难职工帮扶费、送温暖费和其他维权支出。

（3）业务支出。

业务支出，是指基层工会培训工会干部、加强自身建设以及开展业务工作发生的各项支出。

（4）资本性支出。

资本性支出，是指基层工会从事工会建设工程、设备工具购置、大型修缮和信息网络购建而发生的支出。

（5）事业支出。

事业支出，是指基层工会对独立核算的附属事业单位的补助和非独立核算的附属事业单位的各项支出。

（6）其他支出。

其他支出，是指基层工会除上述支出以外的其他各项支出。包括资产盘亏、固定资产处置净损失、捐赠、赞助等。

133.工会可以使用工会经费向全体会员发放福利吗？

根据全总规定，工会经费可以用于基层工会逢年过节和会员生日、婚丧嫁娶、退休离岗的慰问支出等。

基层工会逢年过节可以向全体会员发放节日慰问品。逢年过节的年节是指国家规定的法定节日（新年、春节、清明节、劳动节、端午节、中秋节和国庆节）和经自治区以上人民政府批准设立的少数民族节日。节日慰问品原则上为符合中国传统节日习惯的用品和职工群众必需的生活用品等，基层工会可结合实际采取便捷灵活的发放方式。

工会会员生日慰问可以发放生日蛋糕等实物慰问品，也可以发放指定蛋糕店的蛋糕券。

工会会员结婚生育时，可以给予一定金额的慰问品。工会会员生病住院、工会会员或其直系亲属去世时，可以给予一定金额的慰问金。

工会会员退休离岗，可以发放一定金额的纪念品。

134.不准将工会经费用于哪些方面？

基层工会要严格遵守国家法律法规，严格执行全国总工会有关制度规定，严格控制工会经费开支，不准将工会经费用于服务职工群众和开展工会活动以外的开支。具体包括以下方面：

（1）不准使用工会经费请客送礼；

（2）不准违反工会经费使用规定，滥发奖金、津贴、补贴；

（3）不准使用工会经费从事高消费性娱乐和健身活动；

（4）不准单位行政利用工会账户，违规设立"小金库"；

（5）不准将工会账户并入单位行政账户，使工会经费开支失去控制；

（6）不准截留、挪用工会经费；

（7）不准用工会经费参与非法集资活动，或为非法集资活动提供经济担保；

（8）不准用工会经费报销与工会活动无关的费用。

135.关于工会资产保护有什么法律规定？

根据《工会会计制度》第 24 条规定，资产是工会过去的经济业务或者事项形成的，由工会控制的，预期能够产生服务潜力或者带来经济利益流入的经济资源。服务潜力是指工会利用资产提供公共产品和服务以履行工会职能的潜在能力。经济利益流入表现为现金及现金等价物的流入，或者现金及现金等价物流出的减少。工会的资产包括流动资产、在建工程、固定资产、无形资产、投资和长期待摊费用等。工会资产是工会开展活动的物质基础，也是工会成为社团法人的重要条件。

工会资产受国家法律保护。《工会法》第 47 条规定："工会的财产、经费和国家拨给工会使用的不动产，任何组织和个人不得侵占、挪用和任意调拨。"

《中国工会章程》第 39 条规定："工会资产是社会团体资产，中华全国总工会对各级工会的资产拥有终极所有权。各级工会依法依规加强对工会资产的监督、管理，保护工会资产不受损害，促进工会资产保值增值。根据经费独立原则，建立预算、决算、资产监管和经费审查监督制度。实行'统一领导、分级管理'的财务体制、'统一所有、分级监管、单位使用'的资产监管体制和'统一领导、分级管理、分级负责、下审一级'的经费审查监督体制。工会经费、资产的管理和使用办法以及工会经费审查监督制度，由中华全国总工会制定。"第 41 条规定："工会经费、资产和国家及企业、事业单位等拨给工会的不动产和拨付资金形成的资产受法律保护，任何单位和个人不得侵占、挪用和任意调拨；不经批准，不得改变工会所属企业、事业单位的隶属关系和产权关系。工会组织合并，其经费资产归合并后的工会所有；工会组织撤销或者解散，其经费资产由上级工会处置。"

136.工会经费审查委员会工作职责是什么?

根据《中国工会章程》规定，经费审查委员会负责审查同级工会组织及其直属企业、事业单位的经费收支和资产管理情况，监督财经法纪的贯彻执行和工会经费的使用，并接受上级工会经费审查委员会的指导。工会经费审查委员会向同级会员大会或会员代表大会负责并报告工作；在大会闭会期间，向同级工会委员会负责并报告工作。上级工会经费审查委员会应当对下一级工会及其直属企业、事业单位的经费收支和资产管理情况进行审查。具体来说，工会经费审查委员会工作职责主要包括以下几方面：

（1）工会经费审查委员会是代表会员群众对工会经费收支和财产管理情况进行审查监督的组织；

（2）对基层工会经费收支和财产管理情况进行审查监督；

（3）建立健全以审计为基础的经费审查监督机制；

（4）维护国家财经法纪，促进收好、管好、用好工会经费；

（5）促进工会财产管理，促进工会经济活动规范运作，促进工会系统党风廉政建设；

（6）加强基层经审组织建设，坚持做到组建工会换届选举时，经审会与同级工会委员会"同时考察、同时选举、同时报批"三同时；

（7）加强基层工会经审干部审计专业理论审查实务培训，全面提高审计质量水平；

（8）坚持依法审计，健全审计程序，建立经审台账，经审工作逐步达到规范化、制度化、经常化。

137.经费审查委员会对哪些事项进行审计？

工会审计是指各级工会经费审查委员会（以下简称经审会）在同级工会党组织领导下，依照法律法规和《中国工会章程》规定的职责、权限和程序，对工会财务收支、资产管理、内部控制、风险管理等全部经济活动实施独立、客观的监督、评价和建议的活动。同级工会未建立党组织的，其经审会接受所在单位隶属的党组织领导，向所在单位隶属的党组织报告审计工作。

根据《中国工会审计条例》规定，经审会对本级工会及其所属企事业单位和下一级工会的下列事项进行审计：

（1）贯彻落实党和国家相关重大经济社会政策措施以及全国总工会决策部署情况；

（2）与经济活动有关的发展规划、战略决策、重大措施以及年度业务计划执行情况；

（3）经费预算编制和调整、预算执行、决算草案以及其他财务收支情况；

（4）经费计提和拨缴情况；

（5）专项资金物资的筹措、拨付、管理和使用情况；

（6）资产的管理、使用和处置情况；

（7）本级工会及其所属企事业单位建设项目情况；

（8）本级工会及其所属企事业单位对外投资情况；

（9）内部控制及风险管理情况；

（10）经费使用效益和资产经营效益情况；

（11）撤并时的财务清算情况；

（12）工会管理和委托其他单位管理的社会捐赠资金、各类基金的收支情况；

（13）其他需要审计的有关事项。

以上事项，必要时可以进行延伸审计。

138.工会审计的权限是什么？

根据《中国工会审计条例》规定，工会审计的权限主要如下。

（1）经审会有权要求被审计单位提供财务、会计资料以及与财务收支有关的业务、管理等资料，包括电子数据和有关文档。被审计单位不得拒绝、拖延、谎报。被审计单位负责人应当对本单位提供资料的及时性、真实性和完整性负责，并作出书面承诺。经审会对取得的资料进行综合分析，需要向被审计单位核实有关情况的，被审计单位应当予以配合。

（2）经审会进行审计时，有权检查被审计单位的财务、会计资料以及与财务收支有关的业务、管理等资料和资产，有权检查被审计单位信息系统的安全性、可靠性、经济性，被审计单位不得拒绝。

（3）经审会进行审计时，有权就审计事项的有关问题向有关单位、部门和个人进行调查和询问，并取得有关证明材料。有关单位、部门和个人应当配合、协助经审会工作，如实向经审会反映情况，提供有关证明材料。

（4）经审会进行审计时，经经审会主要负责人批准，有权对可能被转移、隐匿、篡改、毁弃的财务、会计资料以及与财务收支有关的业务、管理等资料，采取暂时封存的措施。

（5）经审会进行审计时，有权对正在进行的严重违法违规、严重损失浪费行为及时向单位主要负责人报告，经同意作出临时制止决定。经审会有权提出纠正、处理违法违规行为的意见和改进管理、提高绩效的建议。

（6）经审会有权对审计结果以适当方式进行通报。经审会有权对违法违规和造成损失浪费的被审计单位和人员，给予通报批评或者提出追究责任的建议。经审会对严格遵守财经法规、经济效益显著、贡献突出的被审计单位和个人，可以向单位党组织、主要负责人提出表彰建议。

（7）经审会对审计中发现的严重违法违规、严重损失浪费等问题，以及被审计单位经济运行中存在的重大风险隐患，有权向同级工会党组织、工会委员会和上一级经审会报告。

139.《劳动法》规定的劳动者的基本权利和基本义务有哪些?

根据《劳动法》规定,劳动者的基本权利有享有平等就业和选择职业的权利、取得劳动报酬的权利、休息休假的权利、获得劳动安全卫生保护的权利、接受职业技能培训的权利、享受社会保险和福利的权利、提请劳动争议处理的权利以及法律规定的其他劳动权利。

根据《劳动法》规定,劳动者的基本义务是应当完成劳动任务,提高职业技能,执行劳动安全卫生规程,遵守劳动纪律和职业道德。

140.工会的权利和义务有哪些?

《工会法》对我国工会的权利作了明确的规定。工会的权利主要包括以下方面。

(1)代表权。工会有代表职工合法权益的权利。

(2)维护权。工会享有依法维护职工合法权益的权利。

(3)参与权。工会享有代表职工参与管理国家事务、管理经济和文化事业、管理社会事务的权利,以及代表和组织职工参与企事业单位民主管理的权利。

(4)协商谈判权。工会享有代表职工一方与企事业单位就劳动报酬、工作时间、休息休假、劳动安全卫生、社会保险福利等关系职工切身利益问题进行协商谈判签订集体合同的权利。

(5)监督权。工会依法行使对政府行政部门和企事业单位执行劳动法律法规的情况进行监督检查的权利。

工会的义务包括,遵守和维护宪法和法律的义务,支持协助人民政府开展工作的义务，动员组织职工促进经济社会发展的义务，为职工服务的义务，协助行政做好相关工作的义务，教育职工提高素质的义务，关心职工文化、体育生活的义务。

141. 《工会法》关于工会专职干部的设置和对工会干部的保护有什么规定？

关于工会专职干部的设置，《工会法》第 14 条规定："职工 200 人以上的企业、事业单位、社会组织的工会，可以设专职工会主席。工会专职工作人员的人数由工会与企业、事业单位、社会组织协商确定。"

关于工会干部的保护，《工会法》主要作了以下规定。

（1）任职保护规定。《工会法》第 18 条规定："工会主席、副主席任期未满时，不得随意调动其工作。因工作需要调动时，应当征得本级工会委员会和上一级工会的同意。罢免工会主席、副主席必须召开会员大会或者会员代表大会讨论，非经会员大会全体会员或者会员代表大会全体代表过半数通过，不得罢免。"

（2）劳动合同期限规定。《工会法》第 19 条规定："基层工会专职主席、副主席或者委员自任职之日起，其劳动合同期限自动延长，延长期限相当于其任职期间；非专职主席、副主席或者委员自任职之日起，其尚未履行的劳动合同期限短于任期的，劳动合同期限自动延长至任期期满。但是，任职期间个人严重过失或者达到法定退休年龄的除外。"

（3）工作时间规定。《工会法》第 41 条规定："基层工会委员会召开会议或者组织职工活动，应当在生产或者工作时间以外进行，需要占用生产或者工作时间的，应当事先征得企业、事业单位、社会组织的同意。基层工会的非专职委员占用生产或者工作时间参加会议或者从事工会工作，每月不超过 3 个工作日，其工资照发，其他待遇不受影响。"

（4）待遇规定。《工会法》规定第42条："用人单位工会委员会的专职工作人员的工资、奖励、补贴，由所在单位支付。社会保险和其他福利待遇等，享受本单位职工同等待遇。"第49条规定："县级以上各级工会的离休、退休人员的待遇，与国家机关工作人员同等对待。"

142.订立劳动合同应当遵守哪些原则？

劳动合同是劳动者与用人单位确立劳动关系、明确双方权利和义务的协议。劳动合同是劳动关系的凭据。《劳动合同法》规定，建立劳动关系，应当订立劳动合同。

《劳动合同法》规定，订立劳动合同，应当遵循合法、公平、平等自愿、协商一致、诚实信用的原则。依法订立的劳动合同具有约束力，用人单位与劳动者应当履行劳动合同约定的义务。

143.用人单位招用劳动者，可以要求劳动者提供担保吗？

用人单位不得要求劳动者提供担保或者向劳动者收取财物，不得扣押劳动者的证件。《劳动合同法》第9条规定："用人单位招用劳动者，不得扣押劳动者的居民身份证和其他证件，不得要求劳动者提供担保或者以其他名义向劳动者收取财物。"第84条规定："用人单位违反本法规定，扣押劳动者居民身份证等证件的，由劳动行政部门责令限期退还劳动者本人，并依照有关法律规定给予处罚。用人单位违反本法规定，以担保或者其他名义向劳动者收取财物的，由劳动行政部门责令限期退还劳动者本人，并以每人500元以上2000元以下的标准处以罚款；给劳动者造成损害的，应当承担赔偿责任。"

144.劳动合同的条款有哪些?

劳动合同条款分必备条款和约定条款。

劳动合同的必备条款是指法律规定的劳动合同必须具备的内容。在法律规定了必备条款的情况下，如果劳动合同缺少此类条款，劳动合同就不能成立。必备条款包括以下方面。

（1）用人单位的名称、住所和法定代表人或者主要负责人。

（2）劳动者的姓名、住址和居民身份证或者其他有效身份证件号码。

（3）劳动合同期限。劳动合同期限是双方当事人相互享有权利、履行义务的时间界限，即劳动合同的有效期限，劳动合同期限可分为固定期限、无固定期限和以完成一定工作任务为期限，选择哪类期限应在合同中明确。

（4）工作内容和工作地点。工作内容，是指劳动法律关系所指向的对象，即劳动者具体从事什么种类或者内容的劳动，即工作岗位和工作任务或职责。工作地点是劳动合同的履行地，是劳动者从事劳动合同中所规定的工作内容的地点，它关系到劳动者的工作环境、生活环境，以及劳动者的就业选择，劳动者有权在与用人单位建立劳动关系时知悉自己的工作地点。

（5）工作时间和休息休假。工作时间是指劳动者在企业、事业、机关、团体等单位中，必须用来完成其所担负的工作任务的时间。对应的，休息休假是指企业、事业、机关、团体、社会组织等单位的劳动者按规定不必进行工作，而自行支配的时间。

（6）劳动报酬。这往往是劳动者最为关注的问题，需要具体明确，防止模糊约定而引发纠纷。

（7）社会保险。参加社会保险、缴纳社会保险费是用人单位与劳动者的法定义务，必须履行。

（8）劳动保护、劳动条件和职业危害防护。这是关系到劳动者生命安全和身体健康的重要问题，应当在劳动合同中就劳动保护、劳动条件和职业危害防护问题加以明确。

（9）法律、法规规定应当纳入劳动合同的其他事项。

按照法律规定，劳动合同除上述必备条款外，还可以协商约定其他条款，一般简称为协商条款或约定条款。根据《劳动合同法》规定，约定条款主要包括：试用期、培训、保守秘密、补充保险和福利待遇等其他事项。

145.用人单位与劳动者告知义务是什么？

《劳动合同法》对用人单位与劳动者的如实告知义务作了明确规定。

用人单位的告知义务。用人单位招用劳动者时，应当如实告知劳动者工作内容、工作条件、工作地点、职业危害、安全生产状况、劳动报酬，以及劳动者要求了解的其他情况。这些内容是法定的并且无条件的，无论劳动者是否提出知悉要求，用人单位都应当主动将上述情况如实向劳动者说明。

劳动者的告知义务。用人单位有权了解劳动者与劳动合同直接相关的基本情况，劳动者应当如实说明。需要注意的是劳动者的告知义务是附条件的，只有在用人单位要求了解劳动者与劳动合同直接相关的基本情况时，劳动者才有如实说明的义务。劳动者与劳动合同直接相关的基本情况包括健康状况、知识技能、学历、职业资格、工作经历以及部分与工作有关的劳动者个人情况，如家庭住址、主要家庭成员构成等。

146.《劳动合同法》关于试用期有什么规定？

关于试用期的期限，《劳动合同法》规定：劳动合同期限 3 个月以上不满 1 年的，试用期不得超过 1 个月；劳动合同期限 1 年以上不满 3 年的，试用期不得超过 2 个月；3 年以上固定期限和无固定期限的劳动合同，试用期不得超过 6 个月。试用期包含在劳动合同期限内。劳动合同仅约定试用期的，试用期不成立，该期限为劳动合同期限。

关于试用期的工资，《劳动合同法》规定，劳动者在试用期的工资不得低于本单位相同岗位最低档工资或者劳动合同约定工资的 80%，并不得低于用人单位所在地的最低工资标准。

147.《劳动合同法》关于服务期是如何规定的？

《劳动合同法》第 22 条规定："用人单位为劳动者提供专项培训费用，对其进行专业技术培训的，可以与该劳动者订立协议，约定服务期。劳动者违反服务期约定的，应当按照约定向用人单位支付违约金。违约金的数额不得超过用人单位提供的培训费用。用人单位要求劳动者支付的违约金不得超过服务期尚未履行部分所应分摊的培训费用。用人单位与劳动者约定服务期的，不影响按照正常的工资调整机制提高劳动者在服务期期间的劳动报酬。"

148.用人单位裁减人员的条件是什么？

裁减人员是指企业由于经营不善等经济性原因，同时解雇多个劳动者的情形。用人单位裁减人员直接关系到劳动者的利益，所以法律对用人单位裁减人员的条件作出了严格的规定。按照《劳动合同法》规定，允许用人单位裁减人员的条件主要有以下几方面：

（1）依照企业破产法规定进行重整的；

（2）生产经营发生严重困难的；

（3）企业转产、重大技术革新或者经营方式调整，经变更劳动合同后，仍需裁减人员的；

（4）其他因劳动合同订立时所依据的客观经济情况发生重大变化，致使劳动合同无法履行的。

149.用人单位裁减人员的法定程序是什么？

用人单位裁减人员的法定程序如下。

（1）用人单位提前 30 日向工会或者全体职工说明情况，听取工会或者职工的意见。

（2）裁减人员方案经向劳动行政部门报告。

裁减人员时，应当优先留用下列人员：

（1）与本单位订立较长期限的固定期限劳动合同的；

（2）与本单位订立无固定期限劳动合同的；

（3）家庭无其他就业人员，有需要扶养的老人或者未成年人的。

用人单位依法裁减人员，在 6 个月内重新招用人员的，应当通知被裁减的人员，并在同等条件下优先招用被裁减的人员。

150.在哪些情形下，用人单位不得解除劳动合同？

劳动者有下列情形之一的，用人单位不得依照《劳动合同法》第 40 条、第 41 条的规定解除劳动合同：

（1）从事接触职业病危害作业的劳动者未进行离岗前职业健康检查，或者疑似职业病人在诊断或者医学观察期间的；

（2）在本单位患职业病或者因工负伤并被确认丧失或者部分丧失劳动能力的；

（3）患病或者非因工负伤，在规定的医疗期内的；

（4）女职工在孕期、产期、哺乳期的；

（5）在本单位连续工作满 15 年，且距法定退休年龄不足 5 年的；

（6）法律、行政法规规定的其他情形。

151.劳动合同依法解除或终止后，用人单位应当依法向劳动者支付经济补偿，经济补偿的标准是怎样规定的？

根据《劳动合同法》规定，经济补偿按劳动者在本单位工作的年限，每满 1 年支付 1 个月工资的标准向劳动者支付。6 个月以上不满 1 年的，按 1 年计算；不满 6 个月的，向劳动者支付半个月工资的经济补偿。劳动者月工资高于用人单位所在直辖市、设区的市级人民政府公布的本地区上年度职工月平均工资 3 倍的，向其支付经济补偿的标准按职工月平均工资 3 倍的数额支付，向其支付经济补偿的年限最高不超过 12 年。

这里的月工资是指劳动者在劳动合同解除或者终止前 12 个月的平均工资。

152.劳务派遣用工范围和用工比例是怎么规定的？

劳务派遣又称人力派遣、人才租赁、劳动派遣、劳动力租赁，是指由劳务派遣机构与派遣劳工订立劳动合同，把劳动者派向其他用工单位，由其用工单位向派遣机构支付一笔服务费用的一种用工形式。

根据《劳务派遣暂行规定》第 3 条规定，用工单位只能在临时性、辅助性或者替代性的工作岗位上使用被派遣劳动者。临时性工作岗位是指存续时间不超过 6 个月的岗位；辅助性工作岗位是指为主营业务岗位提供服务的非主营业务岗位；替代性工作岗位是指用工单位的劳动者因脱产学习、休假等原因无法工作的一定期间内，可以由其他劳动者替代工作的岗位。用工单位决定使用被派遣劳动者的辅助性岗位，应当经职工代表大会或者全体职工讨论，提出方案和意见，与工会或者职工代表平等协商确定，并在用工单位内公示。

根据《劳务派遣暂行规定》第 4 条规定，用工单位应当严格控制劳务派遣用工数量，使用的被派遣劳动者数量不得超过其用工总量的 10%。用工总量是指用工单位订立劳动合同人数与使用的被派遣劳动者人数之和。计算劳务派遣用工比例的用工单位是指依照劳动合同法和劳动合同法实施条例可以与劳动者订立劳动合同的用人单位。

153.劳务派遣单位和用工单位应当对被派遣劳动者履行哪些义务？

根据《劳务派遣暂行规定》第 8 条规定，劳务派遣单位应当对被派遣劳动者履行下列义务：

（1）如实告知被派遣劳动者劳动合同法第八条规定的事项、应遵守的规章制度以及劳务派遣协议的内容；

（2）建立培训制度，对被派遣劳动者进行上岗知识、安全教育培训；

（3）按照国家规定和劳务派遣协议约定，依法支付被派遣劳动者的劳动报酬和相关待遇；

（4）按照国家规定和劳务派遣协议约定，依法为被派遣劳动者缴纳社会保险费，并办理社会保险相关手续；

（5）督促用工单位依法为被派遣劳动者提供劳动保护和劳动安全卫生条件；

（6）依法出具解除或者终止劳动合同的证明；

（7）协助处理被派遣劳动者与用工单位的纠纷；

（8）法律、法规和规章规定的其他事项。

根据《劳动合同法》第62条规定，用工单位应当履行下列义务：

（1）执行国家劳动标准，提供相应的劳动条件和劳动保护；

（2）告知被派遣劳动者的工作要求和劳动报酬；

（3）支付加班费、绩效奖金，提供与工作岗位相关的福利待遇；

（4）对在岗被派遣劳动者进行工作岗位所必需的培训；

（5）连续用工的，实行正常的工资调整机制。

用工单位不得将被派遣劳动者再派遣到其他用人单位。

154.《劳动合同法》关于非全日制用工有什么规定？

非全日制用工，是指以小时计酬为主，劳动者在同一用人单位一般平均每日工作时间不超过4小时，每周工作时间累计不超过24小时的用工形式。

《劳动合同法》关于非全日制用工的规定主要有非全日制用工双方当事人可以订立口头协议。从事非全日制用工的劳动者可以与1个或者1个以上用人单位订立劳动合同；但是，后订立的劳动合同不得影响先订立的劳动合同的履行。非全日制用工双方当事人不得约定试用期。非全日制用工双方当事人任何一方都可以随时通知对方终止用工。终止用工，用人单位不向劳动者支付经济补偿。非全日制用工小时计酬标准不得低于用人单位所在地人民政府规定的最低小时工资标准。非全日制用工劳动报酬结算支付周期最长不得超过 15 日。

155.工资支付的法律规定主要有哪些？

为了保障劳动者工资权的实现，《劳动法》明确规定，工资应当以货币形式按月支付给劳动者本人。不得克扣或者无故拖欠劳动者的工资。

按照法律规定，用人单位在下列情况下可以代扣劳动者工资：

（1）用人单位代扣代缴的个人所得税；

（2）用人单位代扣代缴的应由劳动者个人负担的各项社会保险费用；

（3）法院判决、裁定中要求代扣的抚养费、赡养费；

（4）法律、法规规定可以从劳动者工资中扣除的其他费用。

工资一般应当按月支付，用人单位与劳动者可以约定工资支付日期，工资发放日如遇节假日或休息日，则应提前在最近的工作日支付。用人单位每月至少应支付 1 次工资，对于实行小时工资制和周工资制的人员，工资也可以按日或周发放。对完成一次性临时劳动或某项具体工作的劳动者，用人单位应按有关协议或合同规定在其完成劳动任务后即支付工资。劳动关系双方依法解除或终止劳动合同时，用人单位应在解除或终止劳动合同时一次付清劳动者的工资。

156.确定和调整最低工资标准应当综合参考哪些因素？

最低工资标准，是指劳动者在法定工作时间或依法签订的劳动合同约定的工作时间内提供了正常劳动的前提下，用人单位依法应支付的最低劳动报酬。最低工资标准一般采取月最低工资标准和小时最低工资标准的形式。月最低工资标准适用于全日制就业劳动者，小时最低工资标准适用于非全日制就业劳动者。确定和调整最低工资标准应当综合参考下列因素：

（1）劳动者本人及平均赡养人口的最低生活费用；

（2）社会平均工资水平；

（3）劳动生产率；

（4）就业状况；

（5）地区之间经济发展水平的差异。

最低工资标准应当高于当地的社会救济金和失业保险金标准，低于平均工资。最低工资标准发布实施后，如确定最低工资标准参考的因素发生变化，或本地区职工生活费用价格指数累计变动较大时，应当适时调整，但每年最多调整 1 次。

157.最低工资不包括哪些项目？

用人单位在扣除下列项目之后，支付给职工的工资不得低于最低工资标准。

（1）延长工作时间工资。

（2）中班、夜班、高温、低温、井下、有毒有害等特殊工作环境条件下的津贴。

（3）法律、法规和国家规定的劳动者福利待遇等，主要是指：用人单位依法为劳动者缴纳的养老、医疗、失业、工伤、生育等社会保险费；对职工进行培训的费用；执行国家有关劳动安全卫生规定而发给职工的费用和用品，以及企业自身规定的工作用品（如企业为了树立自身形象而发给职工的工作着装）；发给职工的计划生育补贴、生活困难补助费、医疗卫生费、丧葬抚恤救济金、探亲路费、冬季取暖补贴、防暑降温费等；用人单位支付伙食补贴、大额住房补助等；用人单位为职工缴纳的住房公积金等。

158.加班加点工资的标准是多少？

加班加点工资是指职工在法定节假日、公休日加班加点，或在规定的制度工作时间以外工作时用人单位支付的劳动报酬。

用人单位在劳动者完成劳动定额或规定的工作任务后，根据实际需要安排劳动者在法定标准工作时间以外工作的，应按以下标准支付工资：

（1）用人单位依法安排劳动者在日法定标准工作时间以外延长工作时间的，按照不低于劳动合同规定的劳动者本人小时工资标准的150%支付劳动者工资；

（2）用人单位依法安排劳动者在休息日工作，而又不能安排补休的，按照不低于劳动合同规定的劳动者本人日或小时工资标准的200%支付劳动者工资；

（3）用人单位依法安排劳动者在法定休假节日工作的，按照不低于劳动合同规定的劳动者本人日或小时工资标准的300%支付劳动者工资。

根据《关于职工全年月平均工作时间和工资折算问题的通知》（劳社部发〔2008〕3号），日工资、小时工资的折算明细如下：

日工资：月工资收入÷月计薪天数；

小时工资：月工资收入÷（月计薪天数×8小时）；

月计薪天数＝（365天−104天）÷12月＝21.75天；

实行计件工资的劳动者，在完成计件定额任务后，由用人单位安排延长工作时间的，应根据上述规定的原则，分别按照不低于其本人法定工作时间计件单价的 150%、200%、300% 支付其工资。

159.用人单位拖欠或者未足额支付劳动报酬的，劳动者可以依法申请工资支付令吗？

《劳动合同法》第 30 条规定："用人单位应当按照劳动合同约定和国家规定，向劳动者及时足额支付劳动报酬。用人单位拖欠或者未足额支付劳动报酬的，劳动者可以依法向当地人民法院申请支付令，人民法院应当依法发出支付令。"

支付令是人民法院依照民事诉讼法规定的督促程序，是人民法院根据债权人的申请，依法作出的督促债务人为一定给付义务的法律文书。支付令是债权人向法院申请讨回债务的最简便的方法，是处理债权债务关系明确的民事、经济纠纷的最好办法。

160.关于劳动者的法定工作时间是如何规定的？

工作时间是指劳动者为用人单位从事生产和工作的时间。工作时间是法定的，用人单位安排劳动者工作的时间不能突破法律的限制。

《劳动法》第 36 条规定，国家实行劳动者每日工作时间不超过 8 小时，平均每周工作时间不超过 44 小时的工时制度。1995 年 3 月 25 日国务院发布的《国务院关于修改〈国务院关于职工工作时间的规定〉的决定》第 3 条规定："职工每日工作 8 小时，每周工作 40 小时。"即从 1995 年 5 月 1 日起，我国标准工作时间为每日工作 8 小时、每周工作 40 小时。

161.劳动法关于延长工作时间是如何规定的？

根据《劳动法》第41条规定，用人单位由于生产经营需要，经与工会和劳动者协商后可以延长工作时间，一般每日不得超过1小时；因特殊原因需要延长工作时间的，在保障劳动者身体健康的条件下延长工作时间每日不得超过3小时，但每月不得超过36小时。

根据《劳动法》第42条规定，具备下列情形之一的，延长工作时间不受本法第四十一条规定的限制。

（1）发生自然灾害、事故或者因其他原因，威胁劳动者生命健康和财产安全，需要紧急处理的。一般是指发生地震、洪水、抢险、交通事故、矿山井下事故抢险等，必须紧急处理的。

（2）生产设备、交通运输线路、公共设施发生故障，影响生产和公众利益，必须及时抢修的。一般是指企业的生产流水线、企业的主要生产设备发生故障，铁路线路发生故障，公路干线发生交通堵塞，自来水管道、下水管道、煤气管道、供电线路等发生故障，必须及时抢修的。

（3）法律、行政法规规定的其他情形。

根据原劳动部《〈国务院关于职工工作时间的规定〉的实施办法》第7条的规定，除上述两种情形外，补充规定了以下两种情形。

（1）必须利用法定节日或公休假日的停产期间进行设备检修、保养的。一般是指钢铁、水、电等必须连续生产的企业和设备，只能在节假日内进行停产检修、保养的。

（2）为了完成国防紧急生产任务，或者完成上级在国家计划外安排的其他紧急生产任务，以及商业、供销企业在旺季完成收购、运输、加工农副产品紧急任务的。

162.公休假日和法定节假日的休息有什么规定？

公休假日，即周休息日，是指劳动者在 1 周（7 日）内享有不少于 24 小时的连续休息时间。《劳动法》第 38 条规定："用人单位应当保证劳动者每周至少休息 1 日。"即用人单位必须保证劳动者每周至少有一次 24 小时不间断的休息。根据国务院《关于职工工作时间的规定》，一般情况下星期六和星期日为周休息日；用人单位也可以根据本单位的实际情况，灵活安排确定本单位的周休息日。

法定节假日，是指法律规定用以开展纪念、庆祝活动的休息时间。根据《劳动法》及有关规定，劳动者法定节假日包括下面几种。

全体公民放假的节日：

（1）新年，放假 1 天（1 月 1 日）；

（2）春节，放假 3 天（农历正月初 1、初 2、初 3）；

（3）清明节，放假 1 天（农历清明当日）；

（4）劳动节，放假 1 天（5 月 1 日）；

（5）端午节，放假 1 天（农历端午当日）；

（6）中秋节，放假 1 天（农历中秋当日）；

（7）国庆节，放假 3 天（10 月 1 日、2 日、3 日）。

部分公民放假的节日及纪念日：

（1）妇女节（3 月 8 日），妇女放假半天；

（2）青年节（5 月 4 日），14 周岁以上的青年放假半天；

（3）儿童节（6 月 1 日），不满 14 周岁的少年儿童放假 1 天；

（3）中国人民解放军建军节（8 月 1 日），现役军人放假半天。

少数民族习惯的节日，由各少数民族聚居地区的地方人民政府，按照各该民族习惯，规定放假日期。

163.劳动者可以享受多少天年休假？哪些情形下，劳动者不得再享受当年的年休假？

年休假，是国家根据劳动者工作年限和劳动繁重紧张程度每年给予的一定期间的带薪连续休假。机关、团体、企业、事业单位、民办非企业单位、有雇工的个体工商户等单位的职工连续工作 1 年以上的，享受带薪年休假。

职工累计工作已满 1 年不满 10 年的，年休假 5 天；已满 10 年不满 20 年的，年休假 10 天；已满 20 年的，年休假 15 天。国家法定休假日、休息日不计入年休假的假期。

依据《职工带薪年休假条例》第 4 条规定，职工有下列情形之一的，不享受当年的年休假：职工依法享受寒暑假，其休假天数多于年休假天数的；职工请事假累计 20 天以上且单位按照规定不扣工资的；累计工作满 1 年不满 10 年的职工，请病假累计 2 个月以上的；累计工作满 10 年不满 20 年的职工，请病假累计 3 个月以上的；累计工作满 20 年以上的职工，请病假累计 4 个月以上的。

依据《职工带薪年休假条例》第 5 条规定，单位根据生产、工作的具体情况，并考虑职工本人意愿，统筹安排职工年休假。年休假在 1 个年度内可以集中安排，也可以分段安排，一般不跨年度安排。单位因生产、工作特点确有必要跨年度安排职工年休假的，可以跨 1 个年度安排。

164.我国安全生产方针和安全生产工作机制是什么？

《安全生产法》第 3 条第 2 款规定："安全生产工作应当以人为本，

155

坚持人民至上、生命至上，把保护人民生命安全摆在首位，树牢安全发展理念，坚持安全第一、预防为主、综合治理的方针，从源头上防范化解重大安全风险"

《安全生产法》第 3 条第 3 款规定："安全生产工作实行管行业必须管安全、管业务必须管安全、管生产经营必须管安全，强化和落实生产经营单位主体责任与政府监管责任，建立生产经营单位负责、职工参与、政府监管、行业自律和社会监督的机制。"

165.生产经营单位安全生产的基本义务是什么？

根据《安全生产法》第 4 条规定，生产经营单位必须遵守本法和其他有关安全生产的法律、法规，加强安全生产管理，建立健全全员安全生产责任制和安全生产规章制度，加大对安全生产资金、物资、技术、人员的投入保障力度，改善安全生产条件，加强安全生产标准化、信息化建设，构建安全风险分级管控和隐患排查治理双重预防机制，健全风险防范化解机制，提高安全生产水平，确保安全生产。

平台经济等新兴行业、领域的生产经营单位应当根据本行业、领域的特点，建立健全并落实全员安全生产责任制，加强从业人员安全生产教育和培训，履行本法和其他法律、法规规定的有关安全生产义务。

166.生产安全事故分为哪些种类？

生产安全事故是指生产经营单位在生产经营活动（包括与生产经营有关的活动）中突然发生的，伤害人身安全和健康，或者损坏设备设施，或者造成经济损失的，导致生产经营活动（包括与生产经营活动有关的活动）暂时中止或永远终止的意外事件。

《生产安全事故报告和调查处理条例》第3条规定，根据生产安全事造成的人员伤亡或者直接经济损失，事故一般分为以下等级：

（1）特别重大事故，是指造成30人以上死亡，或者100人以上重伤（包括急性工业中毒，下同），或者1亿元以上直接经济损失的事故；

（2）重大事故，是指造成10人以上30人以下死亡，或者50人以上100人以下重伤，或者5000万元以上1亿元以下直接经济损失的事故；

（3）较大事故，是指造成3人以上10人以下死亡，或者10人以上50人以下重伤，或者1000万元以上5000万元以下直接经济损失的事故；

（4）一般事故，是指造成3人以下死亡，或者10人以下重伤，或者1000万元以下直接经济损失的事故。

167.劳动者在安全生产方面的权利和义务有哪些？

根据《安全生产法》规定，劳动者在安全生产方面的权利主要如下：

（1）劳动合同保障权；

（2）知情权；

（3）建议权；

（4）批评、检举、控告权；

（5）拒绝权；

（6）紧急避险权；

（7）安全生产教育培训权；

（8）获得劳动防护用品权；

（9）获得赔偿权。

根据《安全生产法》规定，劳动者在安全生产方面的义务主要如下。

（1）劳动者应当严格遵守本单位的安全生产规章制度和操作规程。

（2）劳动者应当服从管理。

（3）劳动者应当接受安全生产教育和培训，掌握本职工作所需的安全生产知识，提高安全生产技能，增强事故预防和应急处理能力。

（4）劳动者应当正确佩戴和使用劳动防护用品。

（5）劳动者发现事故隐患或者其他不安全因素，应当立即向现场安全生产管理人员或者本单位负责人报告；接到报告的人员应当及时予以处理。

168.工会在安全生产方面的主要职责是什么？

《安全生产法》规定，工会依法对安全生产工作进行监督。生产经营单位的工会依法组织职工参加本单位安全生产工作的民主管理和民主监督，维护职工在安全生产方面的合法权益。生产经营单位制定或者修改有关安全生产的规章制度，应当听取工会的意见。

工会有权对建设项目的安全设施与主体工程同时设计、同时施工、同时投入生产和使用进行监督，提出意见。

工会对生产经营单位违反安全生产法律、法规，侵犯从业人员合法权益的行为，有权要求纠正；发现生产经营单位违章指挥、强令冒险作业或者发现事故隐患时，有权提出解决的建议，生产经营单位应当及时研究答复；发现危及从业人员生命安全的情况时，有权向生产经营单位建议组织从业人员撤离危险场所，生产经营单位必须立即作出处理。

工会有权依法参加事故调查，向有关部门提出处理意见，并要求追究有关人员的责任。

169.我国职业病防治工作的方针、工作机制和原则是什么？

根据《职业病防治法》规定，职业病防治工作坚持预防为主、防治结合的方针。预防为主，就是在整个职业病防治过程中，要把预防措施作为根本措施和首要环节放在先导地位，控制职业病危害源头，并在一切职业活动中尽可能控制和消除职业病危害因素的产生，使工作场所职业卫生防护符合国家职业卫生标准和卫生要求。防治结合，必须正确处理"防"与"治"的关系，既不能轻"防"重"治"，不"防"只"治"，更不允许采取临时工、轮换工、季节工等用工形式或者其他手段逃避不"防"不"治"的法律责任，也不能只防不治，或者轻视对职业病危害的治理或者对劳动者职业病的检查诊断与治疗康复；不能把"防"与"治"对立起来或者相互分离。

职业病防治工作的工作机制是用人单位负责、行政机关监管、行业自律、职工参与，社会监督。

职业病防治工作的原则是分类管理、综合治理。

170.我国社会保险的方针是什么？

社会保险是指国家通过立法建立的一种社会保障制度，目的是使劳动者因年老、失业、患病、工伤、生育而减少或失去劳动收入时，能从社会获得经济补偿和物质帮助，保障基本生活。我国社会保

险项目包括养老保险、医疗保险、失业保险、工伤保险、生育保险。

《社会保险法》第 3 条规定："社会保险制度坚持广覆盖、保基本、多层次、可持续的方针，社会保险水平应当与经济社会发展水平相适应。"

（1）广覆盖，即扩大社保的覆盖面，使尽可能多的社会成员纳入社保制度中来。

（2）保基本，即社保以保障公民基本生活需要为主，这是由我国经济发展水平相对落后所决定的，社会保险待遇应与经济发展水平保持"水涨船高"的正相关关系。

（3）多层次，即除了基本养老保险、基本医疗保险外，还有补充养老保险、补充医疗保险以及补充性的商业保险。

（4）可持续，主要是社保基金收支能够平衡，自身能够良性运作，在人口老龄化来临时基本养老保险制度能够持续，不给财政造成过大的压力，不给企业和个人造成太大的缴费压力。

171.用人单位在社会保险方面有哪些权利和义务？

用人单位在社会保险方面的权利主要有：免费向社保经办机构查询、核对其缴费记录，要求社保经办机构提供社保咨询等相关服务。

用人单位在社会保险方面的义务包括：一是缴费义务，职工基本养老保险、职工基本医疗保险、失业保险的缴费义务由用人单位与职工共同承担，工伤保险、生育保险的缴费义务全部由用人单位承担；二是登记义务；三是申报和代扣代缴义务，用人单位应当自行申报、按时足额缴纳社会保险费，非因不可抗力等法定事由不得缓缴、减免，职工应缴纳的社会保险费由用人单位代扣代缴，用人单位应当按月将缴纳社会保险费的明细情况告知劳动者本人。

172.劳动者个人在社会保险方面有哪些权利和义务？

劳动者个人在社会保险方面权利包括：一是依法享受社会保险待遇；二是监督本单位为其缴费情况；三是免费向社保经办机构查询、核对其缴费和享受社会保险待遇记录，要求社保经办机构提供社保咨询等相关服务。

劳动者个人在社会保险方面义务包括：一是缴费义务；二是登记义务，自愿参加社会保险的无雇工的个体工商户、未在用人单位参加社会保险的非全日制从业人员以及其他灵活就业人员，应当向社保经办机构申办社会保险登记，失业人员应当持本单位为其出具的终止或解除劳动关系证明，及时到指定的公共就业服务机构办理失业登记。

173.基本养老金如何组成？按月领取基本养老金的条件是什么？

基本养老金由统筹养老金和个人账户养老金组成。基本养老金根据个人累计缴费年限、缴费工资、当地职工平均工资、个人账户金额、城镇人口平均预期寿命等因素确定。

参加基本养老保险的个人，达到法定退休年龄时累计缴费满 15 年的，按月领取基本养老金。参加基本养老保险的个人，达到法定退休年龄时累计缴费不足 15 年的，可以缴费至满 15 年，按月领取基本养老金；也可以转入新型农村社会养老保险或者城镇居民社会养老保险，按照国务院规定享受相应的养老保险待遇。

174.建立企业年金应当具备的条件是什么?

企业年金,是指企业及其职工在依法参加基本养老保险的基础上,自主建立的补充养老保险制度。国家鼓励企业建立企业年金。

企业和职工建立企业年金,应当依法参加基本养老保险并履行缴费义务,企业具有相应的经济负担能力。

企业年金所需费用由企业和职工个人共同缴纳。企业年金基金实行完全积累,为每个参加企业年金的职工建立个人账户,按照国家有关规定投资运营。企业年金基金投资运营收益并入企业年金基金。

175.企业年金方案应当包括哪些内容?

建立企业年金,企业应当与职工一方通过集体协商确定,并制定企业年金方案。企业年金方案应当提交职工代表大会或者全体职工讨论通过。

企业年金方案应当包括以下内容:

(1)参加人员;

(2)资金筹集与分配的比例和办法;

(3)账户管理;

(4)权益归属;

(5)基金管理;

(6)待遇计发和支付方式;

(7)方案的变更和终止;

(8)组织管理和监督方式;

(9)双方约定的其他事项。

企业年金方案适用于企业试用期满的职工。

176.企业年金基金如何组成？领取企业年金的条件是什么？

企业年金基金由下列各项组成：

（1）企业缴费；

（2）职工个人缴费；

（3）企业年金基金投资运营收益。

企业缴费每年不超过本企业职工工资总额的8%。企业和职工个人缴费合计不超过本企业职工工资总额的12%。具体所需费用，由企业和职工一方协商确定。

职工个人缴费由企业从职工个人工资中代扣代缴。

实行企业年金后，企业如遇到经营亏损、重组并购等当期不能继续缴费的情况，经与职工一方协商，可以中止缴费。不能继续缴费的情况消失后，企业和职工恢复缴费，并可以根据本企业实际情况，按照中止缴费时的企业年金方案予以补缴。补缴的年限和金额不得超过实际中止缴费的年限和金额。

根据《企业年金办法》规定，符合下列条件之一的，可以领取企业年金。

（1）职工在达到国家规定的退休年龄或者完全丧失劳动能力时，可以从本人企业年金个人账户中按月、分次或者一次性领取企业年金，也可以将本人企业年金个人账户资金全部或者部分购买商业养老保险产品，依据保险合同领取待遇并享受相应的继承权。

（2）出国（境）定居人员的企业年金个人账户资金，可以根据本人要求一次性支付给本人。

（3）职工或者退休人员死亡后，其企业年金个人账户余额可以继承。

未达到上述企业年金领取条件之一的，不得从企业年金个人账户中提前提取资金。

177.职工基本医疗保险费如何缴纳？统筹基金和个人账户的支付范围是怎样规定的？

《社会保险法》第 23 条规定："职工应当参加职工基本医疗保险，由用人单位和职工按照国家规定共同缴纳基本医疗保险费。"根据国家现行政策规定，用人单位缴费费率控制在职工工资总额的 6% 左右，职工缴费一般为本人工资收入的 2%。

职工基本医疗保险的统筹基金和个人账户按照各自的支付范围，分别核算，不得互相挤占。

（1）个人账户，用于支付门诊费用、住院费用中个人自付部分以及在定点药店购药费用。

（2）统筹基金，用于支付住院医疗和部分门诊大病费用。统筹基金支付有起付标准和最高支付限额。

现在，职工基本医疗保险和生育保险已合并实施。

178.工伤保险的原则是什么？

工伤保险是指劳动者因生产或工作发生受伤、残疾、职业病或死亡，本人及其家庭丧失收入来源，生活无保障时，由国家和社会提供必要的物质帮助的一种社会保险制度。

工伤保险原则主要有以下几点：

（1）无责任补偿（无过失补偿）原则；

（2）国家立法、强制实施原则；

（3）风险分担、互助互济原则；

（4）个人不缴费原则；

（5）区别因工与非因工原则；

（6）经济赔偿与事故预防、职业病防治相结合原则；

（7）一次性补偿与长期补偿相结合原则；

（8）确定伤残和职业病等级原则；

（9）区别直接经济损失与间接经济损失原则；

（10）集中管理原则。

179.如何认定工伤？

工伤是指职工在工作过程中因工作原因受到事故伤害或者患职业病。根据《工伤保险条例》第14条的规定，职工有下列情形之一的，应当认定为工伤：

（1）在工作时间和工作场所内，因工作原因受到事故伤害的；

（2）工作时间前后在工作场所内，从事与工作有关的预备性或者收尾性工作受到事故伤害的；

（3）在工作时间和工作场所内，因履行工作职责受到暴力等意外伤害的；

（4）患职业病的；

（5）因工外出期间，由于工作原因受到伤害或者发生事故下落不明的；

（6）在上下班途中，受到非本人主要责任的交通事故或者城市轨道交通、客运轮渡、火车事故伤害的；

（7）法律、行政法规规定应当认定为工伤的其他情形。

《工伤保险条例》第 15 条规定，职工有下列情形之一的，视同工伤：

（1）在工作时间和工作岗位，突发疾病死亡或者在 48 小时之内经抢救无效死亡的；

（2）在抢险救灾等维护国家利益、公共利益活动中受到伤害的；

（3）职工原在军队服役，因战、因公负伤致残，已取得革命伤残军人证，到用人单位后旧伤复发的。

职工因下列情形之一导致本人在工作中伤亡的，不认定为工伤：

（1）故意犯罪；

（2）醉酒或者吸毒；

（3）自残或者自杀；

（4）法律、行政法规规定的其他情形。

180.如何申请工伤认定？

首先要明确工伤认定的时间。职工发生事故伤害或者按照职业病防治法规定被诊断、鉴定为职业病，所在单位应当自事故伤害发生之日或者被诊断、鉴定为职业病之日起 30 日内，向统筹地区社会保险行政部门提出工伤认定申请。遇有特殊情况，经报社会保险行政部门同意，申请时限可以适当延长。用人单位未按前款规定提出工伤认定申请的，工伤职工或者其近亲属、工会组织在事故伤害发生之日或者被诊断、鉴定为职业病之日起 1 年内，可以直接向用人单位所在地统筹地区社会保险行政部门提出工伤认定申请。

用人单位未在《工伤保险条例》规定的其应当提出工伤认定申请

时限内提交工伤认定申请，在此期间发生符合规定的工伤待遇等有关费用由该用人单位负担。

还需了解申请工伤认定应当提交的材料。提出工伤认定申请应当提交下列材料：

（1）工伤认定申请表；

（2）与用人单位存在劳动关系（包括事实劳动关系）的证明材料；

（3）医疗诊断证明或者职业病诊断证明书（或者职业病诊断鉴定书）。

工伤认定申请表应当包括事故发生的时间、地点、原因以及职工伤害程度等基本情况。

工伤认定申请人提供材料不完整的，社会保险行政部门应当一次性书面告知工伤认定申请人需要补正的全部材料。申请人按照书面告知要求补正材料后，社会保险行政部门应当受理。

181.失业保险费如何缴纳？

失业保险是指国家通过立法强制实施的，对于在劳动年龄内、具有劳动能力、非本人自愿失去劳动机会、暂时中断生活来源的劳动者提供必要的物质帮助的一种社会保障制度。

《社会保险法》第44条规定："职工应当参加失业保险，由用人单位和职工按照国家规定共同缴纳失业保险费。"《失业保险条例》规定，用人单位按照本单位工资总额的2%缴纳失业保险费，职工按照本人工资总额的1%缴纳失业保险费，合计为3%。人社部、财政部印发的《关于调整失业保险费率有关问题的通知》提出，将失业保险费率暂由现行条例规定的3%降至2%，单位和个人缴费的具体比例由各省区市政府确定，省区市行政区域内单位和职工的费率应当统一。

182.失业人员领取失业保险金的条件是什么？期限是怎样规定的？

失业人员符合下列条件的，从失业保险基金中领取失业保险金：

（1）失业前用人单位和本人已经缴纳失业保险费满 1 年的；

（2）非因本人意愿中断就业的；

（3）已经进行失业登记，并有求职要求的。

失业人员失业前用人单位和本人累计缴费满 1 年不足 5 年的，领取失业保险金的期限最长为 12 个月；累计缴费满 5 年不足 10 年的，领取失业保险金的期限最长为 18 个月；累计缴费 10 年以上的，领取失业保险金的期限最长为 24 个月。重新就业后，再次失业的，缴费时间重新计算，领取失业保险金的期限与前次失业应当领取而尚未领取的失业保险金的期限合并计算，最长不超过 24 个月。

失业保险金的标准，由省、自治区、直辖市人民政府确定，不得低于城市居民最低生活保障标准。

183.生育保险费如何缴纳？

生育保险是社会保险重要内容之一。它是指国家通过立法，对妇女劳动者因怀孕、分娩等暂时丧失劳动能力而导致收入中断时，由国家和社会给予医疗服务和物质帮助的一种社会保障制度。

《社会保险法》第 53 条规定："职工应当参加生育保险，由用人单位按照国家规定缴纳生育保险费，职工不缴纳生育保险费。"生育保险根据"以支定收，收支基本平衡"的原则筹集资金，由企业按照其工资总额的一定比例向社会保险经办机构缴纳生育保险费，建立生育保险基金。生育保险费的提取比例由当地人民政府根据计划内生育人数和生育津贴、生育医疗费等项费用确定，并可根据费用支出情况适时调整，但最高不得超过工资总额的 1%。现已下调至 0.5%。

目前，生育保险和职工基本医疗保险已合并实施。

184.生育保险的待遇如何？

生育保险待遇主要包括以下方面。

（1）享受生育保险待遇的范围。

享受生育保险待遇的范围包括参保的职工以及参保职工的未就业配偶。

（2）生育保险待遇的内容。

①生育医疗费用。包括女职工因怀孕、生育发生的检查费、接生费、手术费、住院费、药费和计划生育手术费。

②生育津贴。指根据国家法律、法规规定对职业妇女因生育而离开工作岗位期间，给予的生活费用。

185.禁止安排女职工从事哪些劳动？

女职工禁忌从事的劳动范围包括以下几方面。

（1）矿山井下作业。

矿山井下作业包含煤矿、非煤矿山，各类矿山野外露天采矿、井下（地下）采矿、开凿隧道、修地铁、地下工程建筑等。

（2）体力劳动强度分级标准中规定的第四级体力劳动强度的作业。

（3）每小时负重 6 次以上、每次负重超过 20 公斤的作业，或者间断负重、每次负重超过 25 公斤的作业。

186.女职工在经期的劳动保护措施主要有哪些?

（1）宣传普及月经期卫生知识。

（2）女职工在 100 人以上的单位，应逐步建立女职工卫生室，健全相应的制度并设专人管理，对卫生室管理人员应进行专业培训。女职工每班在 100 人以下的单位，应设置简易的温水箱及冲洗器。对流动、分散工作单位的女职工应发放单人自用冲洗器。

（3）患有重度痛经及月经过多的女职工，经医疗或妇幼保健机构确诊后，月经期间可适当给予 1 至 2 天的休假。

（4）不得安排女职工经期禁忌从事的劳动。

187.女职工在孕期的劳动保护措施主要有哪些?

（1）自确立妊娠之日起，应建立孕产妇保健卡（册），进行血压、体重、血、尿常规等基础检查。对接触铅、汞的孕妇，应进行尿中铅、汞含量的测定。

（2）定期进行产前检查、孕期保健和营养指导。怀孕女职工在劳动时间内进行产前检查，所需时间计入劳动时间。

（3）推广孕妇家庭自我监护，系统观察胎动、胎心、宫底高度及体重等。

（4）实行高危孕妇专案管理，无诊疗条件的单位应及时转院就诊，并配合上级医疗和保健机构严密观察和监护。

（5）女职工在孕期不能适应原劳动的，用人单位应根据医疗机构的证明，予以减轻劳动量或者安排其他能够适应的劳动。

（6）对怀孕 7 个月以上的女职工，用人单位不得延长劳动时间或者安排夜班劳动，并应当在劳动时间内安排一定的休息时间。

（7）从事立位作业的女职工，妊娠满 7 个月后，其工作场所应设立工间休息座位。

（8）女职工在怀孕期间，用人单位不得降低其基本工资，除个人严重过失外，不得解除其劳动合同。

（9）不得安排女职工孕期禁忌从事的劳动。

188.女职工在生育期的劳动保护措施主要有哪些?

（1）保证女职工生育的产假。女职工生育享受 98 天产假，其中产前休假 15 天，产后休假 83 天。难产的，增加产假 15 天。多胞胎生育的，每多生育 1 个婴儿，增加产假 15 天。

女职工怀孕未满 4 个月流产的，享受 15 天产假；怀孕满 4 个月流产的，享受 42 天产假。

（2）进行产后访视及母乳喂养指导。

（3）产后 42 天对母子进行健康检查。

（4）不得在女职工产假期间降低其基本工资，不得解除其劳动合同。

（5）产假期满恢复工作时，应允许有 1 至 2 周时间逐渐恢复原工作量。

（6）女职工产假期间的生育津贴，对已经参加生育保险的，按照用人单位上年度职工月平均工资的标准由生育保险基金支付；对未参加生育保险的，按照女职工产假前工资的标准由用人单位支付。

女职工生育或者流产的医疗费用，按照生育保险规定的项目和标准，对已经参加生育保险的，由生育保险基金支付；对未参加生育保险的，由用人单位支付。

189.女职工在哺乳期的劳动保护措施主要有哪些？

（1）宣传科学育儿知识，提倡 4 个月内纯母乳喂养。

（2）对有未满 1 周岁婴儿的女职工，应保证其哺乳时间。根据规定，有不满 1 周岁婴儿的女职工，用人单位应当在每天的劳动时间内为哺乳期女职工安排 1 小时哺乳时间；女职工生育多胞胎的，每多哺乳 1 个婴儿每天增加 1 小时哺乳时间。

（3）婴儿满周岁时，经县（区）以上（含县、区）医疗或保健机构确诊为体弱儿，可适当延长授乳时间，但不得超过 6 个月。

（4）女职工在哺乳期内，所在单位不得安排其从事国家规定的第三级体力劳动强度的劳动和哺乳期禁忌从事的劳动。

（5）对哺乳未满 1 周岁婴儿的女职工，用人单位不得延长劳动时间或者安排夜班劳动。

（6）有哺乳婴儿的女职工 5 名以上的单位，应逐步建立哺乳室。

（7）不得在女职工哺乳期降低其基本工资，除个人严重过失外，不得解除其劳动合同。

190.女职工权益保护专项集体合同的主要内容是什么？

女职工权益保护专项集体合同，是指用人单位与本单位女职工根据法律、法规、规章的规定，就女职工合法权益和特殊利益方面的内容通过平等协商签订的专项书面协议。签订女职工权益保护专项集体合同是工会女职工组织维护女职工合法权益和特殊利益的一项重要机制，是维护女职工合法权益的基本途径，也是全总力推的一项重点工作。

女职工权益保护专项集体合同的主要内容包括以下几点。

（1）女职工的劳动权利：劳动就业、同工同酬、休息休假、保险福利待遇等。

（2）女职工的特殊利益：女职工禁忌劳动保护、"四期"保护、妇科疾病普查、生育待遇等。

（3）女职工的政治、文化、教育、发展权利：职业教育、技术培训、晋职晋级、参与企业民主管理等。

（4）双方认为应当协商的其他内容。

191.劳动争议有哪些特点？

劳动争议也叫"劳动纠纷""劳资争议"，是指建立劳动关系的双方当事人在劳动过程中因实现劳动权利、履行劳动义务而发生的争议。

劳动争议的特点主要有以下几点：

（1）劳动争议的发生以劳动关系为基础。劳动争议产生的前提必须是双方当事人之间存在一定的劳动关系；

（2）劳动争议的主体具有特定性，必须是劳动者和用人单位；

（3）劳动争议的内容具有限定性，必须是涉及劳动权利和劳动义务。

192.处理劳动争议的受案范围是什么？

《劳动争议调解仲裁法》第2条规定，中华人民共和国境内的用人单位与劳动者发生的下列劳动争议，适用本法：

（1）因确认劳动关系发生的争议；

（2）因订立、履行、变更、解除和终止劳动合同发生的争议；

（3）因除名、辞退和辞职、离职发生的争议；

（4）因工作时间、休息休假、社会保险、福利、培训以及劳动保护发生的争议；

（5）因劳动报酬、工伤医疗费、经济补偿或者赔偿金等发生的争议；

（6）法律、法规规定的其他劳动争议。

193.处理劳动争议的原则和基本方式是什么？

《劳动争议调解仲裁法》第3条规定："解决劳动争议，应当根据事实，遵循合法、公正、及时、着重调解的原则，依法保护当事人的合法权益。"根据这一规定，劳动争议处理应当遵循的原则包括以下方面。

（1）合法原则。是指以事实为依据，以法律为准绳，在查清案情的基础上，依照劳动法律、法规处理劳动争议，要做到处理的过程、结果都要合法。

（2）公正原则。这一原则是指在处理劳动争议过程中，对劳动争议当事人中任何一方，在适用法律上一律平等，一视同仁，任何一方当事人都不得有超越另一方当事人的特权，对违法行为加以追究和制裁，对合法权益给予保护。

（3）及时原则。这一原则是指劳动争议当事人在法定时效内向劳动争议处理机构提出申请、申诉或诉讼请求时，劳动争议处理机构应当依照法律、法规所规定的时限，抓紧调查、处理工作，使争议及时得到解决。

（4）着重调解原则。调解既是处理劳动争议的基本程序，也是仲裁与审判程序中的重要方法，并且贯穿于劳动争议处理的始终。《劳动法》规定："调解原则适用于仲裁和诉讼程序。"

根据《劳动争议调解仲裁法》规定，我国劳动争议处理的基本方式有 4 种。

（1）协商。通过协商方式自行和解，是双方当事人应首先选择解决争议的途径。同时也是在解决争议过程中可以随时采用的。协商解决是以双方当事人自愿为基础的，不愿协商或者经协商不能达成一致，当事人可以选择其他方式。《劳动争议调解仲裁法》第 4 条规定："发生劳动争议，劳动者可以与用人单位协商，也可以请工会或者第三方共同与用人单位协商，达成和解协议。"

（2）调解。是指双方当事人可以选择向劳动争议调解委员会申请调解的处理方式。发生劳动争议，当事人不愿协商、协商不成或者达成和解协议后不履行的，可以向调解组织申请调解。

（3）仲裁。若经调解组织调解，双方达不成协议，当事人一方或双方均可向当地劳动争议仲裁委员会申诉。当事人也可以不经调解组织处理而直接申请仲裁。根据《劳动争议调解仲裁法》规定，当事人不愿调解、调解不成或者达成调解协议后不履行的，可以向劳动争议仲裁委员会申请仲裁。

（4）诉讼。《劳动争议调解仲裁法》规定，对仲裁裁决不服的，除本法另有规定的外，可以向人民法院提起诉讼。目前法院是由民事审判庭依据民事诉讼程序对劳动争议案件进行审理，实行两审终审制。法院审判是处理劳动争议的最终程序。

194.企业劳动争议调解委员会如何设立？职责是什么？

劳动争议调解组织有 3 种：企业劳动争议调解委员会；依法设立的

基层人民调解组织；在乡镇、街道设立的具有劳动争议调解职能的组织。

根据《企业劳动争议协商调解规定》的规定，大中型企业应当设立调解委员会，并配备专职或者兼职工作人员。有分公司、分店、分厂的企业，可以根据需要在分支机构设立调解委员会。总部调解委员会指导分支机构调解委员会开展劳动争议预防调解工作。调解委员会可以根据需要在车间、工段、班组设立调解小组。小微型企业可以设立调解委员会，也可以由劳动者和企业共同推举人员，开展调解工作。调解委员会由劳动者代表和企业代表组成，人数由双方协商确定，双方人数应当对等。劳动者代表由工会委员会成员担任或者由全体劳动者推举产生，企业代表由企业负责人指定。调解委员会主任由工会委员会成员或者双方推举的人员担任。

企业劳动争议调解委员会的职责主要如下：

（1）宣传劳动保障法律、法规和政策；

（2）对本企业发生的劳动争议进行调解；

（3）监督和解协议、调解协议的履行；

（4）聘任、解聘和管理调解员；

（5）参与协调履行劳动合同、集体合同、执行企业劳动规章制度等方面出现的问题；

（6）参与研究涉及劳动者切身利益的重大方案；

（7）协助企业建立劳动争议预防预警机制。

195.劳动争议调解程序是如何规定的？

调解组织的调解工作按以下程序进行。

（1）申请：劳动争议当事人以口头或书面形式向劳动争议调解组

织提出调解申请。

（2）受理：劳动争议调解组织收到调解申请后经初步审查，决定接受申请，予以调解。

（3）劳动争议调解组织做好劳动争议调解的准备工作。

（4）实施调解。

（5）制作调解协议书。

196.劳动争议仲裁应遵循哪些原则？

劳动争议仲裁是指劳动争议当事人依法向法定的专门处理劳动争议的劳动争议仲裁委员会提出申请，由劳动争议仲裁委员会对双方发生的劳动争议进行处理并作出裁决的活动。劳动争议仲裁是我国处理劳动争议的一种基本形式，在劳动争议处理工作中居于重要的地位。

劳动争议仲裁委员会仲裁劳动争议，除需遵守处理劳动争议的基本原则外，还需遵守如下特有原则。

（1）调解原则。是指劳动争议仲裁委员会在裁决前，可以先行调解，经过调解不能达成协议，应及时仲裁。

（2）及时、迅速原则。这一原则要求劳动争议仲裁委员会在处理劳动争议案件时，必须严格依照法律规定的期限结案，尽快地解决争议。

（3）回避原则。是指仲裁委员会成员或仲裁员在仲裁劳动争议案件时，认为具有法定回避情况不宜参加本案审理，或当事人认为仲裁员具有回避情节的，可能裁决不公，都可以申请更换他人，以保证仲裁公正顺利进行。是否采取回避措施由仲裁委员会决定。

（4）少数服从多数原则。仲裁委员会由三方代表单数组成，仲裁庭则由 3 名仲裁员组成，均为多数人组成，难免意见有分歧，而仲裁委员会成员、仲裁员均有平等的表决权，为保证裁决不因少数成员意见的不一致而难以作出，故以少数服从多数，简单多数即可做出裁决。

（5）一次裁决原则。是指劳动争议仲裁委员会对每一起劳动争议案件实行一次裁决即行终结的法律制度。

197.劳动争议仲裁委员会如何设立？其主要职责是什么？

劳动争议仲裁委员会按照统筹规划、合理布局和适应实际需要的原则设立。省、自治区人民政府可以决定在市、县设立；直辖市人民政府可以决定在区、县设立。直辖市、设区的市也可以设立一个或者若干个劳动争议仲裁委员会。劳动争议仲裁委员会不按行政区划层层设立。劳动争议仲裁委员会由劳动行政部门代表、工会代表和企业方面代表组成。其主要职责如下：

1.聘任、解聘专职或者兼职仲裁员；

2.受理劳动争议案件；

3.讨论重大或者疑难的劳动争议案件；

4.对仲裁活动进行监督。

198.劳动争议仲裁时效期间是如何规定的？

《劳动争议调解仲裁法》第 27 条规定：劳动争议申请仲裁的时效期间为 1 年。仲裁时效期间从当事人知道或者应当知道其权利被侵害之日起计算。前款规定的仲裁时效，因当事人一方向对方当事人主张权利，或者向有关部门请求权利救济，或者对方当事人同意履行义务而中断。从中断时起，仲裁时效期间重新计算。因不可抗力或者有其他正当理由，当事人不能在本条第 1 款规定的仲裁时效期间申请仲裁的，仲裁时效中止。从中止时效的原因消除之日起，仲裁时效期间继续计算。劳动关系存续期间因拖欠劳动报酬发生争议的，劳动者申请仲裁不受本条第 1 款规定的仲裁时效期间的限制；但是，劳动关系终止的，应当自劳动关系终止之日起 1 年内提出。

199.人民法院处理劳动争议案件的主要程序是什么？

人民法院处理劳动争议案件和处理一般民事纠纷一样，适用《民事诉讼法》的规定。其主要程序有一审程序、二审程序、审判监督程序等。

一审程序分如下 4 个阶段进行：

（1）起诉和受理；

（2）审理前的准备；

（3）开庭审理；

（4）依法做出判决。

二审程序。当事人不服一审判决的，可依法提起二审程序。但须在一审判决书送达之日起 15 日内向上一级人民法院提起上诉。上诉状应当写明当事人的姓名、法人名称及法定代表人的姓名，原审人民法院名称、案件编号和案由，上诉的请求和理由。上诉状应通过原审人民法院提交，并按对方当事人或代表人的人数提交副本。二审人民法院做出的判决为终审判决。

审判监督程序是当人民法院对已经发生法律效力的判决和裁定发现确有错误而需要再审时所进行的程序。当事人也可以申请再审，但须在判决发生法律效力后两年内提出。

200.工会参与劳动争议处理的职责是怎样规定的？

关于工会参与劳动争议处理职责的规定主要有以下几点。

一是赋予协调劳动关系三方机制协调解决劳动争议重大问题的职能。规定"各级人民政府劳动行政部门应当会同同级工会和企业方面代表，建立劳动关系三方协商机制，共同研究解决劳动关系方面的重大问题。"协调劳动关系三方机制是市场经济国家的通行做法。建立三方协调机制，共同研究解决劳动争议的重大问题，也有利于工会从源头上就研究解决劳动争议的重大问题提出意见和主张，维护职工合法权益。

二是明确工会在劳动争议调解工作中的地位和职责。规定"企业劳动争议调解委员会由职工代表和企业代表组成。职工代表由工会成员担任或者由全体职工推举产生，企业代表由企业负责人指定。企业劳动争议调解委员会主任由工会成员或者双方推举的人员担任。"同时，对实践中工会参与或主导的乡镇、街道设立的具有劳动争议调解职能的组织作出了规定。这些规定，明确了工会在劳动争议调解工作中的地位和职责。

三是坚持劳动争议仲裁三方性原则。规定"劳动争议仲裁委员会由劳动行政部门代表、工会代表和企业方面代表组成"。这一规定体现了国际通行的劳动争议仲裁三方性原则，明确了工会在劳动争议仲裁中的地位和职责。工会作为职工利益的代表者参加劳动争议仲裁委员会，参与劳动争议仲裁办案，有利于在劳动争议仲裁过程中反映职工的利益要求，发表工会的意见，依法维护职工权益，促使劳动争议公正合理地解决。

四是支持和帮助职工的职责。《工会法》第 22 条第 3 款规定："职工认为用人单位侵犯其劳动权益而申请劳动争议仲裁或者向人民法院提起诉讼的，工会应当给予支持和帮助。"因此，对于向仲裁机构或者人民法院提起诉讼的职工，工会应当给予支持并为其提供法律上的帮助。法律上的帮助包括提供法律咨询、帮助当事人写法律文书、被委托担任当事人的诉讼代理人等。对经济特别困难的职工，工会也应给予经济上的帮助。

参 考 书 目

[1]《中华人民共和国公司法》（根据 2018 年 10 月 26 日第十三届全国人民代表大会常务委员会第六次会议《关于修改〈中华人民共和国公司法〉的决定》第四次修正）本书中简称《公司法》

[2]《中华人民共和国劳动法》（根据 2018 年 12 月 29 日第十三届全国人民代表大会常务委员会第七次会议《关于修改〈中华人民共和国劳动法〉等七部法律的决定》第二次修正）本书中简称《劳动法》

[3]《中华人民共和国工会法》（根据 2021 年 12 月 24 日第十三届全国人民代表大会常务委员会第三十二次会议《关于修改〈中华人民共和国工会法〉的决定》第三次修正）本书中简称《工会法》

[4]《中华人民共和国劳动合同法》（根据 2012 年 12 月 28 日第十一届全国人民代表大会常务委员会第三十次会议《关于修改〈中华人民共和国劳动合同法〉的决定》修正）本书中简称《劳动合同法》

[5]《中国工会章程》（中国工会第十八次全国代表大会部分修改，2023 年 10 月 12 日通过）

[6]《中华人民共和国宪法》（2018 年修正文本）本书中简称《宪法》

[7]《中华人民共和国民法典》（2020 年 5 月 28 日第十三届全国人民代表大会第三次会议通过）本书中简称《民法典》

[8]《基层工会法人登记管理办法》（总工办发〔2020〕20 号）

[9]《工会会员会籍管理办法》（中华全国总工会 2016 年 12 月 12

日发）

［10］《工会女职工委员会工作条例》（总工发〔2019〕11号）

［11］《企业工会工作条例》（2006年12月11日中华全国总工会第十四届执行委员会第四次全体会议通过）

［12］《企业民主管理规定》（中共中央纪委、中共中央组织部、国务院国有资产监督管理委员会、监察部、中华全国总工会、中华全国工商业联合会于2012年2月13日印发）

［13］《集体合同规定》（2004年1月20日劳动保障部令第22号公布自2004年5月1日起施行）

［14］《工会劳动法律监督办法》（总工办发〔2021〕9号）

［15］《关于职工全年月平均工作时间和工资折算问题的通知》（劳社部发〔2008〕3号）

［16］《职工带薪年休假条例》（中华人民共和国国务院令第514号）

［17］《中华人民共和国安全生产法》（根据2021年6月10日第十三届全国人民代表大会常务委员会第二十九次会议《关于修改〈中华人民共和国安全生产法〉的决定》第三次修正）本书中简称《安全生产法》

［18］《中华人民共和国职业病防治法》（根据2018年12月29日第十三届全国人民代表大会常务委员会第七次会议《关于修改〈中华人民共和国劳动法〉等七部法律的决定》第四次修正）本书中简称《职业病防治法》

［19］《中华人民共和国社会保险法》（根据2018年12月29日第十三届全国人民代表大会常务委员会第七次会议《关于修改〈中华人民共和国社会保险法〉的决定》修正）本书中简称《社会保险法》

［20］《工伤保险条例》（根据2010年12月20日《国务院关于修

改〈工伤保险条例〉的决定》修订）

[21]《中华人民共和国劳动争议调解仲裁法》（2007 年 12 月 29 日第十届全国人民代表大会常务委员会第三十一次会议通过）本书中简称《劳动争议调解仲裁法》

[22]《中共中央关于党的百年奋斗重大成就和历史经验的决议》（2021 年 11 月 11 日中国共产党第十九届中央委员会第六次全体会议通过）

[23]《工会会计制度》（财会〔2021〕7 号）

[24]《中国工会审计条例》（总工法〔2023〕6 号）

[25]《劳务派遣暂行规定》（2014 年 1 月 24 日人力资源社会保障部令第 22 号公布自 2014 年 3 月 1 日起施行）